Auch in dieser Auswahl erstmals ins Deutsche übersetzter Betrachtungen, sogenannter »Propos«, erweist sich der französische Philosoph Alain (eigentlich Emile Auguste Chartier, 1868-1951) als überaus anregend, überraschend, zum Innehalten auffordernd.

Alain ist ein Denker, der seine Leser zum Selberdenken provoziert und verführt – und gleichzeitig ein großer Leser und Wiederleser überlieferter Philosophie und Literatur, deren Studium und Nachahmung er verlockend und dringlich zu machen weiß.

Unter dem Titel *Sich beobachten heißt sich verändern* sind weitere Betrachtungen Alains im insel taschenbuch (Band 1559) erschienen.

insel taschenbuch 1922

Alain

Im Haus des Menschen

Alain

Im Haus des Menschen

Betrachtungen

Auswahl, Übersetzung
und Nachwort
von Franz Joseph Krebs

Insel Verlag

insel taschenbuch 1922
Erste Auflage 1997

Hinweise zu dieser Ausgabe am Schluß des Bandes
Vertrieb durch den Suhrkamp Taschenbuch Verlag
Umschlag nach Entwürfen von Willy Fleckhaus
Satz: Fotosatz Otto Gutfreund GmbH, Darmstadt
Druck: Nomos Verlagsgesellschaft, Baden-Baden
Printed in Germany

1 2 3 4 5 6 – 02 01 00 99 98 97

Inhalt

Denn wenn es nicht
unsere ersten falschen Ideen sind,
die wir allmählich zum Wahren hinführen,
dann denken wir vergeblich.

Alain

Statt eines Vorworts

Haben Sie diese große Höflichkeit des Genies beachtet, das zu mir wie zu einem Bruder spricht und wie zu seinesgleichen? Es kennt mich nicht; es hat mich nie gesehen. Ich schlage sein Buch auf: und schon ist es bei mir. Und zwar so, wie es ist, nicht wie ich bin; aber es denkt nicht daran, und ich denke nicht daran; vielmehr sind wir gemeinsam im Haus des Menschen. Ob dunkel oder klar, alles wird aufgenommen; und so muß es sein. Es heißt nicht mitteilen, wenn man nur das mitteilt, was klar ist. Diese Auswahl ist beleidigend. Und daher kommt es, daß das, was kindgerecht ist, das Kind niemals berührt. Auch ich bin Kind. Ich brauche einen Autor, der an mich ebenso glaubt wie an sich selbst. Mindestens ebenso. Im Geistesblitz liegt eine große Hoffnung; fast alles ist darin dem Leser überlassen. Ich liebe den Dichter, weil er dieses Risiko auf sich nimmt; das ist seine Aufgabe als Dichter. Die Kraft des Mitteilens, die, wie ich glaube, das Genie ausmacht, geht hier allem voran.

Alain, *Mitteilen*, 20. Juni 1929

Esperanto

Lernen Sie Esperanto? Das ist eine Sprache, die so einfach und so regelgerecht ist wie möglich, die geschrieben wird, wie man sie spricht, deren Satzbau keine Fallen enthält und deren Regeln, die übrigens wenig zahlreich sind, keine Ausnahme dulden. Ein Franzose, ein Engländer, ein Italiener, ein Russe lernen sie mit derselben Leichtigkeit. Und obgleich sie einfach ist, da sie alle Beziehungen zwischen den Ideen, die möglich sind, vorgesehen und definiert hat, weiß sie alles zu sagen; sie spricht über Theologie, und sie spricht über Gefühle, sie überträgt die kraftvollen Bilder Shakespeares und die Klage Lamartines am Ufer seines Sees; sie wird ebensogut die Feinheiten der Kasuistik und des Rechts ausdrücken; sie ist zu allem fähig, da sie, wenn man zuständigen Leuten glaubt, die *Monadologie* von Leibniz keineswegs deformiert hat, die doch, wie jeder weiß, ein akrobatisches Wunderwerk ist.

Ja, in der Tat, und das sage ich ohne Ironie, Esperanto ist eine nahezu vollkommene Sprache, und ich würde sie lernen, wenn ich Zeit hätte. Aber ich habe nicht die Zeit dazu.

»Sie haben nicht die Zeit«, sagte mir der Freund des Esperanto; »nun, was tun Sie denn?«

»Ich habe«, sagte ich ihm, »zweierlei zu tun: die Menschen und die Dinge kennenzulernen und Französisch zu lernen, um den anderen klar zu sagen, was ich begriffen habe.

Französisch lernen ist nicht leicht. Nur ein Mal von

zehn gelingt es mir, genau das auszudrücken, was ich sagen will. Die Wahl der Wörter, die Stellung der Wörter, auf all das kommt es an. Nun lese ich schon seit fast zwanzig Jahren die guten Autoren und bemühe mich, sie nachzuahmen; aber in Wirklichkeit kenne ich noch nicht einmal die Kraft so kleiner Wörter wie *denn*, *in der Tat*, *deshalb*, *nun*, *also*, die doch nur so etwas wie Zwischenglieder sind, die mit den Ideen nichts zu tun haben, die für alle Ideen dieselben sind.

Was den Sinn der Worte betrifft, so verliere ich mich darin; denn es gibt nur eine kleine Anzahl von Wörtern, die klar definiert sind, Wörter der Geometer, der Physiker, der Chemiker, Wörter der Maurer, der Tischler, der Schlosser. Aber was ist Harmonie? Was ist Mut? Was ist Vorsicht? Was ist Feigheit? Was ist Denunziation? Ich verstehe wohl, daß Sie all diese Wörter ins Englische, Deutsche, Russische, Italienische, Spanische, Chinesische, Bretonische, Baskische und ins Esperanto übersetzen können. Aber das lehrt mich kaum etwas; und es sind doch nur zehn Weisen für eine, um zu sprechen, ohne zu wissen, was ich sage.

Und Sie ersehen daraus, daß es zwei Arten gibt, etwas zu lernen: man kann von einem Wort zum anderen übergehen, aber man kann auch lernen, vom Wort zur Sache und von der Sache zum Wort überzugehen, das heißt die Augen zu öffnen, zu beobachten, zu vergleichen, zu messen, um eine ausreichende Übersetzung des Universums mit Worten zu liefern. Und diese Arbeit ist wichtiger als jede andere, um Frieden und Gerechtigkeit in der Welt zu fördern. Denn die wahre Ursache der öffentlichen und privaten Kriege liegt nicht darin, daß die Menschen nicht dieselben Wörter verwenden; sie liegt darin, daß sie nicht dasselbe denken, wenn sie dieselben Wörter aussprechen.«

5. September 1906

Calinos Laterne

Daß wir alle annehmen, wir seien unsterblich, ist unvermeidlich, denn unser eigener Tod ist uns ganz unbegreiflich. Wenn ich denke, daß ich sterben werde, stelle ich mir nach dem, was ich gesehen habe, die Geschichte eines Menschen vor, den ich Ich nenne und den ich mir nach meinem Ebenbild ausmale; ich stelle mir diesen Menschen krank, sterbend, tot vor und wie er zu Grabe getragen wird. Ja, aber wenn ich recht achtgebe, nehme ich unter den Anwesenden mich wahr, mich, der ich meinem eigenen Trauergeleit folge und also in gewisser Weise noch am Leben bin.

Ich sehe weiter, ich stelle mir die Erde wüst vor; ich tilge von der Erde sogar noch die letzten Spuren menschlicher Arbeit; ich stelle sie mir ohne Atmosphäre und ohne Wasser vor, wie sie sich um eine Sonne dreht, die bereits erkaltet ist, doch immer noch setze ich mich als Zuschauer voraus, der auf irgendeinem Stern daheim ist, immer noch denkt und folglich immer noch am Leben ist.

Man sagt, der Schlaf sei der Bruder des Todes. Ja. Dem Tod gleicht er darin, daß ich mir keine Vorstellung von ihm machen kann. Als ich Kind war, habe ich gelegentlich versucht, genau den Augenblick zu erfassen, in dem ich einschlafen würde; und diese Beschäftigung hat mich mehr als einmal wachgehalten. Es ist jedoch klar, daß man wach sein müßte, um zu wissen, daß man schläft. Deshalb existiert mein Schlaf in Wirklichkeit gar nicht für mich; nur durch äußere Zeichen und durch das Zeugnis anderer nehme ich an, daß ich geschlafen habe.

Ich kann mir demnach sehr gut erklären, daß die Menschen oft daran gedacht haben, sich eine behagliche Bleibe nach ihrem Tod zu sichern und daß sie gar nicht anders konnten, als sich im voraus um ihr Grab irren zu sehen oder sich mit anderen Schatten in die berühmte Barke zu drängen. Wer diese Illusion recht begriffen hat, begreift im selben Augenblick, warum man so oft bewiesen hat, daß die Seele unsterblich ist, und auch, daß diese Beweise, selbst wenn sie unwiderleglich wären, nichts beweisen. Mein Tod ist nichts für mich; und selbst wenn ich an ihn zu denken meine, kann ich in Wirklichkeit nur an ein anderes Leben denken. Wie ich mich hinter dem Spiegel zu sehen glaube, so halte ich mich durch eine unvermeidliche Illusion in dem Augenblick für lebend, da ich an mich denke. Ich gleiche Calino, der seine Laterne anzünden würde, um zu sehen, ob es recht dunkel ist in der Höhle.

3. Dezember 1907

Auf dem Ball

Diejenigen, die auf der Bühne spärlich bekleidete Frauen zeigen, und viele von denen, die hingehen, um sie sich anzuschauen, sagen, daß sie mehr an die Kunst des Bildhauers denken und an die Schönheit der Linien als an lebhafte Vergnügen und heftige Begierden. Einige von ihnen sind vielleicht aufrichtig. Das beweist, daß sie sehr rein sind; aber das ist eine Reinheit, die für die Tugend der anderen sehr gefährlich ist.

Als ich das erste Mal zu einem großen Ball ging, habe ich mir, nachdem ich ein wenig getanzt und mich viel umgeschaut hatte, gesagt: Das ist ein Milieu, das furchtbare Leidenschaften entfesselt. All diese Frauen zeigen sich so weit, daß die Vergnügungen der Liebe nicht einen Augenblick lang vergessen werden können; Männer und Frauen berühren sich so weit, daß dadurch die Begierde immer wieder geweckt wird. Nicht eine dieser Tänzerinnen, die nicht beim Walzer eine Art von anmutiger Hingabe zeigt, die voller Versprechungen ist. Alle sind herausgeputzt, um zu gefallen, die einen, um sich zu verheiraten, die anderen, um ihre Ehe zu beleben. Musik und Unterhaltungen sind nur Bänder um den Strauß; das ist ein Frauenmarkt.

Da ich laut gedacht hatte und da ich eine strahlende junge Frau zum Buffet führte, sagte sie mir: »Sie fassen diese Dinge ganz verkehrt auf; Sie sind ein Flegel; aber ich werde Sie ein wenig erziehen. All diese Frauen und jungen Mädchen sind hier, um zu tanzen und die Anmut ihres Geistes strahlen zu lassen. Wenn sie freie

Schultern und nackte Arme haben, so nicht – das müssen Sie wissen –, um zu zeigen, wie sie gebaut sind und daß sie einen Körper haben, der ebenso untadelig ist wie ihr Gesicht; es ist ganz einfach deshalb, weil man sich beim Tanzen sehr erhitzt; Sie wissen ja nicht, wie wohl man sich fühlt, wenn man einmal kein Mieder trägt. Und wenn wir uns um die Taille fassen lassen, so deshalb, um uns besser dem Rhythmus des Walzers hinzugeben und nicht, um den Körper eines Mannes ganz dicht an uns zu spüren. Wie abscheulich! Wahrhaftig, wenn ich so dächte wie Sie und wenn die anderen Männer, die hier sind, dächten, was Sie gesagt haben, dann würde ich den Ball verlassen.«

Das Bewundernswerte war, daß sie mir dieses mit zugleich entrüsteter und belustigter Miene sagte, in einer Weise, daß der Ton nicht zu den Worten paßte. Aber vielleicht war sie ganz einfach unschuldig und fröhlich. Die Kunst der Frauen besteht darin, niemals erraten zu lassen, was sie begehren, und vielleicht bei den meisten von ihnen darin, überhaupt nichts zu begehren, es sei denn die Vergnügen der Eitelkeit. Aber der Flegel begreift diese Dinge schlecht und macht alsbald das dumme Gesicht eines Verliebten, in dem sich eine schicklich dosierte Mischung aus Begierde und Achtung abzeichnet. Das Bett ist für die Leidenschaften gemacht; und die werden darin kaum schlafen.

11. April 1908

Der Stier

Als der Wanderer die Wipfel der letzten Tannen hinter sich gelassen hat, gelangt er auf eine Hochebene, die mit dichtem Gras bedeckt ist, eingefaßt von einer dunklen Schlucht und einem ziemlich schroffen Felshang. Ergriffen von dem Ton der Glocken, der lebendig und leicht wie die Luft ist, hält er inne; er bemerkt zwei Schäfer, die schlafen, und einen gutmütigen dicken gelben Hund und träge Kühe, die den Kopf wenden. Er dreht sich um. Er nimmt auf dem Grund des Tales ein Dörfchen wahr, das von bleierner Farbe ist, und Sturzbäche, die weiß sind wie Schnee. Einige Wolken klammern sich an die Hänge. Der Wanderer öffnet seine Augen und lüftet seine Brust und fühlt sich leicht wie ein Vogel.

In diesem Augenblick ertönt so etwas wie eine heisere Trompete mit schrillen Modulationen und ruft Echos ringsherum in dem Talkessel hervor. Es ist der Stier, der König der Kühe und der König der Hochebene, der seinen Einzug hält. Er kommt in Sprüngen heran, bleibt stehen, läßt sein Gebrüll ertönen und kommt näher. Man sieht seine gelockte Stirn und seine fast geraden Hörner. Er geht auf den Feind zu. Der Wanderer begreift nicht gleich, daß er selbst der Feind ist, aber sobald er es begriffen hat, läuft er auf die Felsen zu, klettert an ihnen hoch wie eine Katze, hält inne, als er außer Atem ist, und bringt ein wenig Ordnung in seine Gedanken.

Als ich mich dieser Übung gewidmet und mich in das Amphitheater gesetzt hatte, begriff ich mit einem

Schlag den Ursprung der Stierkämpfe. Denn schließlich ist dieses Tier, das man Haustier nennt, mindestens ebenso gefährlich wie ein Löwe der Manege. Und diejenigen, die Kühe hüten, wollen einen kraftvollen und feurigen Stier. Also mußten die Kuhhirten sich daran gewöhnen, langsam um den furchtbaren Familienvater herumzugehen und dem Stoß der Hörner auszuweichen, indem sie Pirouetten drehten. Auch dieser Tanz war eine nützliche Übung, bevor aus ihm ein Tanz wurde. Ich begreife auch, warum es Reiter gab mit gepanzerten Beinen, die mit ihrer langen Pike dem Ansturm des Stieres Einhalt zu gebieten wußten. Ich begreife, daß es mehr als ein Pferd mit aufgeschlitztem Bauch gab und daß die beweglichen Schäfer lernten, den Stier abzulenken, indem sie ihn stachen und ihre roten Taschentücher schwenkten, während man ihren Kameraden unter dem Pferd hervorzog. All das ohne Zuschauer. Aber ich bin ja dumm. Sobald es einen zornigen Stier gab und einen Felsenhang, kamen Frauen, Kinder und Greise und setzten sich auf die Stufen, wie ich es jetzt tue, ganz zwangsläufig. So entstand ein Talkessel, eine Arena, Beifall, bevor man daran dachte. Und was den Tod des Stiers betrifft, so stelle ich mir vor, daß er oft notwendig war, wenn der König der Kühe keine Vernunft annehmen wollte. So lernte man, den Stier zu ermüden, damit man ihn ohne zuviel Risiko töten konnte. Wie all dies Spiel wurde und später Religion, begreift man ohne Mühe. Nur hatte ich nicht die Sache selbst bedacht; ich deklamierte vor mich hin. Vielen Dank, Stier.

16. September 1908

Kallikles

Es gibt einen Dialog Platons, der *Gorgias* heißt und den jeder lesen kann. Man findet darin das Wesentliche dessen, was bei Nietzsche steht, und auch die Replik des gesunden Menschenverstandes, wie man sie jetzt geben könnte, wenn man diejenigen wieder aufmuntern wollte, die Nietzsche hat erstarren lassen. Diese Leute damals dachten wie wir und sprachen besser.

Man sieht also dort einen Kallikles, der sich über die Gerechtigkeit lustig macht und eine Art Hymne an die Gewalt singt. Denn, so sagt er, es sind die Feiglinge, die die Gerechtigkeit erfunden haben, um in Frieden zu leben; und es sind die Dummköpfe, die diese Angst in Gestalt der Gerechtigkeit verehren. In Wirklichkeit verpflichtet uns keine Gerechtigkeit zu etwas. Nur Feigheit und Schwäche verpflichten uns: deshalb hat auch derjenige, der Mut und Kraft hat, schon dadurch recht. Wie viele Kallikles singen uns heute dasselbe Lied! – Und daß der Arbeiter kein Recht hat, solange er keine Macht hat; und daß der Arbeitgeber und seine Verbündeten alles Recht haben, solange sie unbestritten über Macht verfügen; und daß eine gesellschaftliche Verfassung weder besser noch schlechter ist als eine andere, jedoch immer vorteilhaft für die Stärksten, die sie deswegen gerecht nennen, und immer hart für die Schwachen, die sie deswegen ungerecht nennen. So sprach Kallikles, ich ändere kaum einige Worte.

Als er diese unwiderstehliche Rede beendet hatte, taten alle, was Sie jetzt tun würden, wenn ähnliche

Unterhaltungen Mode würden. Alle richteten die Augen auf Sokrates, weil man vermutete, daß er sich eine ganz andere Vorstellung von der Gerechtigkeit machte, und zweifellos auch, weil man ihn an bestimmten Stellen den Kopf hatte schütteln sehen. Er schwieg eine Weile und fand folgendes zu sagen: »Du vergißt eins, mein Lieber, daß nämlich die Geometrie eine große Macht hat über die Götter und die Menschen.« Und dazu möchte ich wie die Schachspieler sagen: »Bravo! das ist der richtige Zug.«

Die ganze Frage liegt darin beschlossen. Sobald man seine Vernunft durch Geometrie und andere Dinge dieser Art geweckt hat, kann man weder so leben noch so denken, als wenn man sie nicht geweckt hätte. Man muß auf seine Vernunft Rücksicht nehmen wie auf seinen Bauch. Und nicht weil der Bauch das Brot des Nachbarn begehrt, es ißt und zufrieden schläft, muß die Vernunft befriedigt werden. Selbst, und das ist beachtenswert, wenn der Bauch gegessen hat, schläft die Vernunft deswegen noch nicht ein; ganz im Gegenteil, sie ist dann klarer denn je, während die Begierden zusammengedrängt schlafen wie eine erschöpfte Meute. Dann nämlich begibt sie sich daran, zu begreifen, was ein Mensch ist und eine Gesellschaft von Menschen, was gerechter und ungerechter Tausch ist und so weiter; und auch was Weisheit ist und Friede mit sich selbst; und ob das etwas anderes sein kann als eine gewisse Mäßigung der Begierden durch die regierende Vernunft. In der Folge stellt sie sich gern angemessenen Tausch und ausgewogene Begierden vor, ein Ideal also, das nichts anderes ist als das Recht und der Gerechte. Wodurch es unvermeidlich ist, daß die Vernunft der Reichen in dieselbe Richtung drängt wie das Verlangen der Armen. Darin besteht vielleicht die größte menschliche Tatsache.

Was diejenigen betrifft, die darauf antworten, daß die Vernunft aus der Erfahrung stammt wie alles übrige und aus dem Nutzen wie alles übrige, so bewirken sie immer noch nicht, daß die Vernunft wie der Bauch handelt. Denn das Auge ist nicht der Arm, obwohl sie beide Söhne der Erde sind.

29. Dezember 1909

An der Pferdetränke

Ich habe eine gute Seite des Bildhauers Rodin gelesen (denn er bildhauert auch, wenn er schreibt), wo er sagte, daß die Modelle, wenn sie in den Akademien posieren, von sich aus eine ganz falsche Haltung einnehmen; und daß dieses Falsche vom Theater stammt, einer wirklichen Schule der Lüge. Diese feinen Beobachtungen werden schließlich, so hoffe ich, all die verkommenen Liebhaber in die Flucht schlagen, die jetzt in den Schönen Künsten den Ton angeben.

Ich ging diesen Ideen nach, während ich die Erde in meinem Gärtchen grub, das in der Sonne liegt; denn es ist die Zeit, die Erde zu lüften. Diese Gedanken, die ich soeben niedergeschrieben habe, hatten nur einen Schattenstreifen auf meine Arbeit geworfen wie der Flug einer Schwalbe. Daraufhin dachte ich darüber nach, daß ich soeben glücklich gewesen war, ohne es zu wissen. Daraus leitete ich schließlich am Ende des Beetes eine brauchbare Maxime ab, um die Pedanten in Zorn zu versetzen: Es gibt zwei Dinge, die man weder begehren noch suchen kann, nämlich das Glück und die Wahrheit; denn wenn man sie nicht besitzt, kann man nicht darüber nachdenken; und wenn man sie besitzt, denkt man so sehr daran, daß man ganz darin ist und daß man nicht mehr weiß, daß man daran denkt. Darauf machte ich mich wieder ans Graben.

In diesem Augenblick entstand rings um mich unter der mittäglichen Sonne eine wunderbare menschliche Harmonie. Es war die Stunde, in der die Pferde zum

Trinken an den großen Steintrog kommen, in den Tag und Nacht ein Wasserstrahl fällt. Ich hörte Worte und Gelächter; das scharfe Geräusch eines Zaumes oder einer Kette an dem Stein. Ein Mädchen saß auf einem Pferd und lachte den Jungen zu. Durch die Zweige und den blauen Dunst sah ich all diese Dinge zusammen und an ihrem Platz an der Biegung des Weges. Das Wasser fiel in den Trog; das Pferd schnaubte; die Zungen plapperten. All diese Geräusche erhoben sich wie Vögel. Vollkommene Harmonie aus Bewegungen, Farben und Tönen. All diese Worte hatten für mich nicht mehr Sinn als das Zwitschern der Vögel. Aber was für eine Klarheit über die Worte hinaus. Zweifellos drängte die Liebe in diesem Mädchen wie in allen Dingen, und zwar ohne Gedanken wie in allen Dingen. Das alte Universum streute in ihr seinen Samen aus für ein ganzes Leben. Für den Herbst, für das Bündel trockenen Holzes eine lebendige Erinnerung, ein unerschöpflicher Gesang; eine Entwicklung von Jahren; von Kindern; von Jahrhunderten von Kindern. All diese Freude, Grund aller Gründe, entstand um diesen Brunnen. Musiker, halte diesen Augenblick fest, wenn du kannst. Aber ach! Der Musiker sitzt in irgendeinem herrschaftlichen Haus in der Veranda in der Sonne. Er quält das Pedal seines Klaviers. Er sucht irgendeinen Frauenchor an der Quelle für irgendeinen Sigurd oder Siegfried. O verdammte Klempnerei!

5. April 1910

Brachmond

Der Monat Juni veranstaltet die schönsten Feste. Ich wurde dieser Tage dazu eingeladen von werten Freunden, die sich aufs Land zurückgezogen haben. Es ist mitten im Brachmond; das Gras ist kräftig und grün; die Wälder drängen auf die Straße; alle Arten von Grün stellen sich zur Schau und atmen in der Sonne, jedes mit seinem eigenen Farbton und seiner Durchsichtigkeit, denn das Blatt ist noch zart. Klatschmohn leuchtet hier und da auf im Getreide von grauem Grün und besser noch in den Futterwiesen. Blauer Glanz mildert und schmilzt diese widerstrebenden Farben ein; das Blau des Himmels verbindet alle Farbtöne; auch die Strahlen der Sonne dringen in die Erde und prallen noch nicht zurück; und die Heckenrose an der Biegung des Weges triumphiert mühelos durch ihre schlichte und einzigartige Farbe. Es lebe die Rose!

Mit der Hitze des Tages erhob sich ein milchiger Nebel. Vom einen Ende des Himmels zum anderen begann der Donner zu grollen. Im Gefolge eines heftigeren Schlages rollten dann einige Hagelkörner über den Boden, ohne jedoch den Blumen viel anzutun. Danach ließ ein frischer Wind die runden Bilder der Sonne, die durch die Zweige lachte, über die Erde gleiten.

Das war nur ein Vorspiel. Das eigentliche Schauspiel war für den Abend bestimmt. Vor dem Ende der langen Dämmerung, die das Mondlicht nachahmte, hörte man überall am Horizont ein Grollen. Jedes der Gewitter sprach auf seine Weise, das eine murmelte, das andere knatterte. Auch die Blitze hatten jeder seine eigene Art. Im Norden waren es Explosionen weißen Lichts; im Westen rote Flammen, die über die Hügel liefen; im Süden zackige Pfeile, die von der Erde aufstiegen und den Himmel durchbohrten; andere stiegen in Kurven auf und fielen wieder in sich zusammen. Plötzlich erhob sich ein heftiger Wind, und eine schwarze Wolke, einem dichten Rauch gleich, senkte sich auf unsere Köpfe. Das war ein Getöse und eine Feuersbrunst, doch immer noch ohne Regen.

Es war abgemacht, daß das Fest gut enden sollte. Der Wind fegte die Wolke weg. Der Donner verzog sich, schleuderte noch einige träge Blitze. Wir konnten am Horizont den königlichen Jupiter sehen, der bereits am Himmel herabstieg, den roten Arkturus über unseren Köpfen, Antares im Süden, ebenfalls rot, und Wega, den blauen Stern, den Stern der schönen Tage, jetzt hoch am Himmel. Das waren sanftere Harmonien. Der Ruf der Unken, der schrille Schrei der Grille, von Zeit zu Zeit das sanfte Pfeifen der kleinen Eule. Da begannen rechts von uns, an der Seite, wo die Quellen sind, Nachtigallen zu schlagen, ließen zunächst drei kräftige Rufe ertönen, entfalteten dann ihre girlandengeschmückte Strophe, die sie drei Mal in drei dicht beieinander liegenden Tönen wiederholten. Ich kann nicht verstehen, daß dieser Gesang jemals melancholisch oder zart oder klagend erschienen ist. Ich empfinde in ihm eine herrische und fast brutale Leidenschaft und die ganze Kraft des Vogels, die in einem Flügelschlag so spürbar ist und die vielleicht die erstaunlichste der lebenden Kräfte in dieser Welt ist. Dieses nächtliche Konzert vermischte sich mit den ungezwungenen Unterhaltungen der Freundschaft. Solcher Art war das Fest des Juni; beeilen Sie sich, es zu genießen. Bereits verkürzt die Nachtigall oft ihren Gesang; die Heckenrose wirft bald ihre Blätter ab; dann kommt der Heumond und mit ihm der Triumph der Sonne.

11. Juni 1910

Wahre und Scheinbildung

Als ich mit einem Professor der Sorbonne über einen Roman Balzacs sprach, der mir gefällt, sagte er mir: »Sie beschäftigen sich besonders mit Balzac?« Worauf ich antwortete, daß ich ihn oft und mit Vergnügen gelesen hätte. »Aber«, sagte er, »wollen Sie denn kein Buch daraus machen?«

»Ich begreife wohl, Herr Professor«, sagte ich ihm, »daß ein Buch im Grunde etwas ist, über das man ein anderes Buch schreibt. Aber ich erröte, wenn ich gestehe, daß ich nicht so ernsthafte Gedanken habe, wenn ich einen meiner Lieblingsautoren lese; ich lese zu meinem Vergnügen.«

»Sie müssen«, sagte er mir, »dieses Vergnügen so schnell wie möglich aufgeben, wenigstens dann, wenn Sie es auf die höchste literarische Kultur absehen, deren ich Sie für würdig halte. Man würde über einen Menschen lachen, der aus Italien zurückkehrt und sagt: ›Ich habe ein Bild gesehen, das so und so aufgebaut ist aus allerlei Gestalten, die eine sitzend, die andere kniend, die zu sprechen oder zu beten schienen; ich weiß weder, aus welcher Epoche das Bild stammt, noch aus welcher Schule noch von welchem Maler; aber es hat mir gefallen. Keinen solchen Menschen hielte man für einen Barbaren ohne Kultur. Nun, mein Herr, es ist noch nicht lange her, da galt man als Kenner der schönen Literatur, wenn man die großen Werke immer wieder gelesen hatte. Und glauben Sie mir, daß es uns nicht wenig Mühe gekostet hat, all das zu ändern. Aber es ist geschafft; und die literarische Kultur ist jetzt höchst wissenschaftlich.«

»Ich bin«, sagte ich ihm, »ein Barbar, der sich nach Kultur sehnt. Belehren Sie mich.«

»Sehen Sie. Vor allem müssen Sie eine Methode haben, wenn Sie lesen wollen. Man verliert unendlich viel Zeit, wenn man immer wieder liest. Eine einzige Lektüre muß ein Buch vollständig erschöpfen. Lesen Sie also nur mit der Feder in der Hand. Legen Sie sich immer zwei Listen an; die eine mit alphabetischer Anordnung, in die Sie alle Worte von Bedeutung eintragen mit Erwähnung des Werkes, der Seite und der Zeile. Die andere nach Inhalten, die man praktischerweise im voraus festlegt; zum Beispiel werden Sie bezüglich Balzac, so nehme ich an, die Psychologie Balzacs, die Religion nach Balzac, die Soziologie Balzacs und andere Kapitel solcher Art haben, die Sie nach und nach mit Ihren Hinweisen und Auszügen füllen. Wenn Sie damit fertig sind, können Sie sagen: ich habe Balzac gelesen. In der Folge brauchen Sie nur noch Ihre Blätter durchzulesen, und Sie finden die Ideen und Gefühle diesmal so angeordnet, wie es sein muß. Danach begeben Sie sich an das Studium der Quellen, indem Sie die Romanciers derselben Zeit lesen und die, die unmittelbar davor geschrieben haben; dann die Briefe und Memoiren. Sie kommen danach zu den Manuskripten der Bibliotheken, wobei Sie ständig Notizen machen und sie in Ihren Listen klassifizieren. Wenn diese Arbeit geschafft ist, können Sie, wenn Sie Ihre Papiere durchlesen, schließlich das Werk und den Menschen begreifen, was nicht wenig ist, und vor allem danach einen guten

Führer für die Bildung der jungen Leute schreiben. Lassen Sie noch zehn Jahre vergehen, und man wird sich über die literarische Kritik nicht mehr lustig machen; man wird Montaigne und Balzac kennen, wie man jetzt die Physik kennt.«

So sprach der Professor der Sorbonne, wobei er sich auf einem Fuß wiegte. Ach, ich begeistere mich noch immer, wenn ich Rousseau lese. Wann werde ich endlich erwachsen? Nach meiner Meinung ist es das Glück des Bewunderns, das eine Lektüre erhellt und das den Leser erhebt. Ich habe oft den Rat gegeben, die Autoren zu lesen, ohne je Notizen zu machen, und sie zu lesen, bis man sie gut kennt. Wenn Sie über solche Lektüre schreiben, wird nichts die Begeisterung hindern, sich auf Ihren eigenen Stil zu übertragen, und Ihr Essay wird des Autors würdig sein.

Nichts ist so betrüblich wie platte Bemerkungen über einen wunderbaren Roman. Ich möchte vielmehr, daß Sie diese wunderbare Schreibweise nachahmen und daß Sie die Farben des Autors wählen, um Ihrem Abriß Farbe zu verleihen. Eine andere Methode, sich einen Stil zu schaffen, kenne ich nicht, auch wird es so sein, daß Sie zweierlei erreichen, die Werke bekannt und den Leuten Lust machen, sie zu lesen. Auf diese Weise setzt man das große Schiff der Literatur in Bewegung, woran es ihm zur Zeit fehlt. Ich habe mehr als einmal erfahren, daß die modernen Literaturkritiker diese so natürliche Methode von sich weisen. Es braucht ein wenig Feuer in einführenden Werken.

18. Juli 1910

Im Tacitus gelesen

Ich habe bei Tacitus zwei Dinge gelesen, die mich haben erschauern lassen. Es handelt sich nicht um Verbrechen eines Caesaren oder eines Günstlings; solche Hoftragödien rühren mich nicht; sie waren wahnsinnig vor Ehrgeiz und Lust. Was mich erschreckt, ist nicht, daß es hier und da einen Verbrecher oder Wahnsinnigen gegeben hat. Es ist auch nicht der Wahnsinn der Menge; das gibt es zu allen Zeiten. Das ist nur eine Grausamkeit aus Gewohnheit und gleichsam eine Geisteskrankheit, die Vernunft und Regel geworden ist.

Im afrikanischen Krieg, der zu jener Zeit war, was er noch heute ist, Geplänkel und Überfälle, hatten sich die römischen Legionen schlecht geschlagen. Der General wandte ein altes Gesetz an; die Kohorten wurden dezimiert, daß heißt, man ergriff aufs Geratewohl einen Soldaten von zehn; diejenigen, auf die das Los fiel, starben unter dem Stock. Ich wundere mich, daß Flaubert in *Salammbô* nicht etwas Ähnliches beschrieben hat; das hätte ihm doch gefallen müssen. Aber die Begebenheit konnte zweifellos nicht konstruiert sein. Man gelangt dahin, jeglichen Machtmißbrauch zu begreifen. Aber wo ist hier die Macht? Bei den Legionen selbst. Kann man sich diese Losziehung vorstellen? Und den General inmitten seiner bewaffneten Männer, die noch nicht wissen, wer der Henker und wer das Opfer sein wird? Aber vielleicht muß man darin eine teuflische Vorsicht sehen. Denn solange das Los gezogen wird, verharren sie in einer schreckenerregenden

Erwartung, die Hand an der Waffe und mit dem Gedanken, daß sie alles in allem dieses Gesetz in der Hand halten. Dann, sobald das Los gezogen war, ein unvermeidlicher Umschwung; neun Männer von zehn haben ihr Leben gerettet; die Revolte des zehnten stellte alles in Frage; wie deshalb die Stöcke zuschlugen! Machiavelli hat solche Gefühle begriffen und erklärt, die man sich nicht eingestehen mag; und die Meinung hat weniger dem verziehen, der sie erklärt hat, als denen, die sie empfunden haben. Ein menschlicher Abgrund tut sich auf.

Ein anderer Brauch jener Zeit. Wenn man irgendeinen großen Verschwörer anklagte, gehörte es zum Gerichtsverfahren, daß man seine Sklaven der Folter unterwarf; und mehr als ein Senator, sagt der Historiker, wurde durch die Seelenstärke seiner Sklaven gerettet, die durch Feuer und Zangen umkamen, ohne etwas gegen ihren Herrn auszusagen. Auch hier verliert sich das Nachdenken, jedoch auf anderen Wegen. Denn die Sklaven waren die Schwächsten, und ihre Hinrichtung war, falls sie gewollt wurde, so gut wie vollzogen. Aber welche Wahrheit konnte man erwarten? Das waren Menschen, denen man nicht einmal zugehört hätte, wenn sie ohne Zwang gesprochen hätten. Doch sobald sie wahnsinnig vor Schmerzen waren, war ihr Schreien ein Beweis. Man nahm also an, daß die Wahrheit herauskommen würde wie der Schweiß, die Tränen und das Blut? Man nahm also an, daß im Delirium die wahren Bilder unanfechtbar sind und daß es ein unvorstellbares Zermalmen gibt, nach dem, wenn aller Nutzen und alle Hoffnung verflogen sind, der Mensch nur noch Gedächtnis ist, das man wie einen Schwamm ausdrückt? Vielleicht hatten sie durch Erfahrung herausgefunden, daß die Qual, die einen Ritter zum Lügen bringt, einen Sklaven die Wahrheit sagen läßt. Vielleicht hatten sie, indem sie diese abscheuliche Chirurgie praktizierten, herausgefunden, daß es die gemäßigte Qual ist, die Lügen herauspreßt, und daß man zunächst den Verstand töten muß, wenn man will, daß der Instinkt spricht. Oder vielleicht waren es ganz einfach brutale Menschen. Und Tacitus selbst, der diese Dinge erzählt, ohne auch nur zu erstaunen, was für ein brutaler Mensch war er? Vielleicht kommen wir dadurch dahin, den Bericht eines Verbrechens als Verbrechen anzusehen und die Geschichte zu übergehen. Denn man sagt wohl, daß die Geschichte die Schule der Staatsmänner ist; und das ist nur zu wahr.

10. August 1910

Fatalismus

In *Krieg und Frieden* bringt Tolstoj einen frappierenden Gedanken zum Ausdruck, daß nämlich die Bewegungen der Massen nicht von den Führern abhängen; man kann auch nicht sagen, daß eine Invasion und eine Schlacht von den Reaktionen und dem Zorn der einzelnen abhängen, denn warum sollte sich dieser ganze Tumult in koordinierte Bewegungen umsetzen? Sagen wir vielmehr, daß diese kollektiven Bewegungen dem Zug der Vögel ähneln mit dem Unterschied, daß sie nicht den Jahreszeiten folgen; aber vielleicht folgen sie anderen Perioden, die wir noch nicht kennen. Vielleicht träten einmal wieder Veränderungen auf der Sonnenoberfläche auf, die die Launen änderten, die die Menschen zu gewalttätigen Spielen antrieben und schließlich zu dem gewalttätigsten aller Spiele. Oder es gäbe vielleicht im Leben des Menschengeschlechts oder jeder Rasse Schlummer und Erwachen, so ähnlich, wie wir es täglich bei jedem Menschen sehen. Diese Einfälle stehen nicht bei Tolstoj; jeder kann sie ohne Mühe erfinden. Er dagegen beschränkt sich darauf, mit Nachdruck die Idee auszudrücken, daß die Geschichte im voraus determiniert ist; er will damit sagen, daß der einzelne an ihr nichts ändern kann. So denken gegenwärtig viele an einen großen europäischen Krieg; und vielleicht sind sie nur Barometer, die im voraus ein unvermeidliches menschliches Gewitter ankündigen. So wie wir unseren kriegerischen Wahn zu Beginn des 19. Jahrhunderts gehabt haben, so wollen vielleicht die Deutschen jetzt den ihren haben; und was soll man gegen eine Krankheit dieser Art tun?

Dieser Vergleich läßt mich mit Recht bemerken, daß dieser Fatalismus wenig befriedigend ist; denn es kommt vor, daß man durch Vorsorge eine Krankheit vermeidet und einen Unfall durch Vorsichtsmaßnahmen. In der Tat sehen wir, daß eine kleine Aktion Katastrophen auslöst oder verhindert. Da stoßen zwei Züge zusammen, und es gibt hundert Tote. Damit all das nicht wäre, hätte es genügt, einen Hebel richtig zu betätigen. Aber, so sagt der Fatalist, es stand geschrieben, daß der Hebel nicht betätigt werden würde. Ja, das stand geschrieben; Sie können das sagen, weil die Katastrophe eingetroffen ist; wenn die Katastrophe vermieden worden wäre, würden Sie sagen: Es stand geschrieben, daß der Hebel betätigt werden würde; das sind Voraussagen nach dem Ereignis und im Grunde Spiele der Einbildungskraft; in Kenntnis der Gegenwart bilden Sie sich ein, daß Sie in die Vergangenheit zurückkehren, und Sie werden ergriffen von dieser unvermeidbaren Zukunft; ja, jetzt unvermeidlich, weil sie gewesen ist.

Wenn der Krieg der menschlichen Natur ganz fremd wäre, wie wir sie im Zustand des Friedens sehen, könnte man wohl eine Veränderung in den Körpersäften annehmen, die in Verbindung stände mit der Sonne und dem Umlauf der Planeten und gegen die der Wille und die Ideen nicht mehr vermöchten als gegen eine Sturmflut oder ein Erdbeben oder einen Wirbelsturm. Aber so ist es nicht. Mir scheint, daß ein friedliches Volk, wie wir es sind, von heute auf morgen kriegerisch wird, und zwar für lange Zeit, ohne sich viel zu ändern, allein durch die Nachahmung der Bewegungen, durch die Ansteckung des Zorns, durch den plötzlichen Wechsel der Bedingungen, durch die neuen Vergnügen, die daraus entspringen, durch die neuen Gewohnheiten, die man alsbald annimmt. Der Krieg wird dauern, wenn er begonnen hat; und der Beginn hängt von einer Fülle kleiner Ursachen ab, das heißt teilweise von Ihnen und von mir und vor allem von unseren Meinungen darüber. Denn der Fatalismus liefert sich selbst den Beweis, sobald man an ihn glaubt; und die Idee, daß ein Krieg nicht vom Willen aller abhängt, bewirkt gerade, daß er stattfindet, obwohl keiner ihn will. Sobald man betet, gibt es Götter.

8. Februar 1911

Gemeinsam in den Tod

Man liest oft in Zeitungen, daß Liebende beschlossen haben, lieber zusammen zu sterben, als eine Trennung zu ertragen. Nun, wenn man in der Lage ist, sein eigenes Leben kaltblütig zu opfern, mehr noch das Leben dessen, den man liebt, was würde man dann nicht noch alles opfern? Das ist ein seltsamer Wahnsinn. Erziehung, andere Neigungen, die Tyrannei der öffentlichen Meinung vermögen nicht viel dagegen.

Man würde sich völlig täuschen, glaube ich, wenn man in den Leidenschaften der Liebe die Wirkung einer sehr heftigen Begierde sehen wollte. Das ist eine andere Gefahr oder, wenn Sie wollen, eine andere Krankheit, die ganz andere Wirkungen hervorruft. Man ist dann mehr Sklave seiner eigenen Bedürfnisse als Sklave einer anderen Person; durch Begierden dieser Art, die nicht gerade wählerisch und die im ganzen rein tierhaft sind, erklärt sich das Gedeihen der Prostitution in allen Ländern. Es scheint sogar, daß diese Art Fieber schubweise auftritt und an der Arbeit, den Vorhaben, den Neigungen eines Familienoberhauptes kaum etwas ändert. Daher werden all diese diskreten Geschäfte, in denen man Frauen als Instrumente des Vergnügens vermietet, tatsächlich geduldet. Weit entfernt, die Leidenschaften der Liebe zu nähren, trägt dieser seltsame Handel vielmehr zweifellos dazu bei, das Ansehen der Liebe herabzusetzen durch die Entwürdigung, durch die Gleichgültigkeit, durch die Stupidität, in die er die Frau stürzt.

Und durch diese Spiele der Gegensätze gelangt man dahin zu begreifen, was die Macht der Liebe ausmacht. Geliebt werden wollen heißt herrschen wollen; und man herrscht weder durch Gewalt noch durch Geld noch durch das Vergnügen, das man bereitet; denn das ist geringer Ruhm; der wahre Ruhm besteht im Überzeugen; aber das ist noch zu wenig gesagt; man will im Geiste und als Geist verehrt werden. Das heißt, daß eine leichtfertige Frau, die keine Zurückhaltung kennt, die ohne geistige Scham ist, die gefallen will, die alles darauf anlegt zu gefallen, niemals leidenschaftlich geliebt wird. Eine Frau, die sich sittlich hütet, die Zurückhaltung übt, die ihr eigenes inneres Leben hat, die ihre Träume hegt, die im Innersten etwas will, die hundert Meilen weit weg ist, die zuschaut, ohne zu sehen, die so tut, als sei sie ein Wesen, das sich aus sich selbst bewegt, die man nicht enträtseln kann, die nicht enträtselt werden will, die an ihrem Platz bleibt, die sich selbst genügt, eine solche Frau, die in aller Aufrichtigkeit so ist, ist gefährlich für jemanden, der sie begehrt.

Vor allem, sobald derjenige, der sie begehrt, sie bei irgendeiner Verwirrung überrascht hat, irgendeinem Zeichen, das schnell unterdrückt wird, einem inneren Kampf, dessen Ursache er vielleicht ist. Vielleicht. Von eben diesem Vielleicht lebt die Liebe; ich meine die Liebe als Leidenschaft; Gewißheit verwandelt sie in ein vollkommenes Glück ohne Gewitter oder aber tötet sie. Der Liebende ist ein Ehrgeiziger; er sucht Feinde, die seiner Kraft würdig sind, und herrliche Siege; oder er interessiert sich sogar, ohne es auf Siege anzulegen, für die Überlegenheit, die er gewinnt, ohne sie gesucht zu haben, aber sobald er an ihr zweifelt, will er neue Beweise; bei diesem Spiel gerät er in Eifer; er lauert auf einen Blick, eine Bewegung; so steigern die Hindernisse, der Widerstand, die Trennungen des Alltags die Liebe bis zum Wahnsinn. Aber die körperliche Anziehungskraft spielt darin keine so große Rolle, wie man meinen möchte. Und die Ausschweifung ist ihr eher zuwider.

28. Mai 1911

Von der Kultur des Geistes

Wenn ich einen Vortrag zu halten hätte über die Kultur des Geistes, würde ich zunächst die feinen Unterschiede beiseite lassen und den Nachdruck auf eine sehr auffällige Eigenschaft legen, die sehr gut die Kultur des Wissens auszeichnet. Man kann viele Wahrheiten wissen, und das ist sehr gut für die Praxis, ohne die Beweise recht zu kennen. So kann ein Chemiker sehr gelehrt sein, wenn er im voraus zu sagen weiß, was unter bestimmten Bedingungen aus der Verbindung zweier Körper hervorgehen wird; aber er wird deswegen nicht kultiviert sein. Kultiviert wird er sein, wenn er die Wahrheiten, die er weiß, selbst gefunden oder zumindest wiedergefunden hat; und natürlich und aufrichtig kann das nur geschehen, wenn diese Wahrheiten, so banal sie auch sein mögen, ihm zunächst unbekannt sind, das heißt, wenn er wirklich zweifelt, wenn er wirklich sucht; denn wenn man den Beweis für etwas sucht, das man bereits als gesichert kennt, ist die Suche kraftlos und zu einfach; man verlegt sich nicht mit ganzem Einsatz darauf. Und eben das verdirbt den Geist der Kinder; man beginnt damit, ihnen zu sagen, daß die Erde sich dreht, und daraufhin nehmen sie die Beweise zu leicht. Und selbst später noch, wenn sie aus ängstlicher Genauigkeit vorgeben, an der Sache zu zweifeln und sie sich selbst zu beweisen, als wüßten sie sie nicht, werden sie nie mit der Naivität dessen herangehen, der von der Sache nichts weiß. Wenn man etwas weiß, kann man es nicht mehr lernen.

Wenn ich einen Schüler zu unterrichten hätte, würde ich deshalb sehr darauf achten, ihn nicht zu viele Dinge zu lehren und ihn zum Beispiel klar begreifen zu lassen, wie die Sterne sich drehen, was nämlich nicht ganz wahr ist, aber auf dem Wege dahin. Denn bei den ersten Bemühungen handelt es sich weniger darum, den Irrtum zu vermeiden, als das Urteil zu bilden, indem man den Schüler von Irrtum zu Irrtum führt, kurz und gut, indem man ihn sich täuschen läßt, wie es sein muß.

Ein Descartes war weniger gelehrt als einer unserer durchschnittlichen Physiker, wenn Sie die Anzahl der Wahrheiten in Betracht ziehen, die Descartes nicht kannte, die aber der andere kennt. Doch wenn man die Haltung des Geistes und die Kritik der Beweise bedenkt, muß man sagen, daß Descartes kultivierter war als unser Physiker. In diesem Sinne ist der Irrtum Descartes' mehr wert als die Wahrheit eines Pedanten. Ich würde also das Kind so weit wie möglich auf die Diät Decartes' setzen, so daß es aus sich selbst heraus all das finden müßte, worauf es neugierig wäre. Man sollte sich hier nicht darauf berufen, daß es heutzutage nötig ist, viel zu wissen; es wird immer noch Zeit sein, schnell fortzuschreiten, und das wird nicht schwierig sein, wenn man die Schritte des Geistes zu Beginn verlangsamt.

Nachdenken besteht eigentlich nicht darin, sich zu fragen, ob etwas wahr oder falsch ist, indem man es mit allen Mitteln überprüft, sondern genau darin, den Wert der Beweise abzuwägen, für wahrscheinlich zu halten, was lediglich wahrscheinlich ist, und für gewiß, was gewiß ist, statt all diese Unterschiede zu vermengen, was für die Praxis so bequem ist. Und vielleicht kultivieren aus diesem Grund die Probleme der Ästhetik und der Moral besser, obgleich man dort nie unbestreitbare Lösungen findet; denn dort lernt man zu zweifeln, zögernd zu Werke zu gehen, also nachzudenken. Und die Naturwissenschaften würden zum gleichen Ziel führen, wenn man sie besser unterrichtete.

13. Juni 1911

Im Schaufenster

Ich habe mehr als einmal festgestellt, daß die Porträts moderner Maler, die oft ziemlich sicher in der Zeichnung und sogar ziemlich kraftvoll in ihrem Schwarz und Weiß sind, kreidig und verwaschen wirken; ähnlich, wenn man will, aber nur von fern und schwach mangels Farbe. Und sogar die besten Porträts von früher, die ich gesehen habe, scheinen mir immer sehr weit entfernt von den wirklichen Farben. Ich kann darüber sprechen, denn ich habe zufällig ein Porträt gesehen, das wirklich gemalt war, wie es sein muß, und dem, wie ich glaube, kein anderes gleichkommt. Hier nun, wie ich es sah.

Es war in dem gegen Tagesende durch Straßenlichter lebhaft erhellten Schaufenster eines Möbelhändlers, der auch alte Stoffe und ähnliche Dinge feilbot. Wie ich so vorbeiging, sah ich auf einem ziemlich dunklen Hintergrund und über einer Draperie in Form eines Mantels einen menschlichen Kopf, der wunderbar gemalt war und an dem ich zum ersten Mal die Farben des Lebens erkannte; und ich war weniger ergriffen durch die Kraft der Zeichnung als durch die Lebendigkeit und Vielfalt der Farbtöne, wobei ich sah, daß Schattierungen von Zinnober, Braun, Violett und sogar Grün, soweit ich in zwei Sekunden erfassen konnte, dennoch einen ganz gewöhnlichen Teint bildeten; aber was für eine Vollkommenheit! Vor Bewunderung hätte ich fast einen Schrei ausgestoßen. Ich erkannte in diesem Augenblick, daß ich die schöne Malerei über alles liebe.

Als ich nach zwei Sekunden näher herantrat und genauer hinschaute, geschah es, daß mein Porträt den Kopf wendete; es war ein ganz lebendiger Mensch, der alte Stoffe auf dem Arm trug, die er zweifellos im Schaufenster auslegen wollte, und der auf die Straße schaute. Das war nur noch ein Mensch für mich; all die lebhaften Farben erloschen. Ich habe in jedem Augenblick viele vollkommene Porträts dieser Art vor Augen; aber ich verstehe mich nicht darauf, sie zu sehen; ich sehe Gesichter und keine Farben.

Der Anschein der Dinge kann uns nur täuschen; daher wollen wir ihn nicht sehen. Die Farben, die Schatten, die wechselnden Spiele des Lichts sind für uns nur Zeichen oder, wenn Sie wollen, eine Sprache; wir gehen direkt auf die Sache zu; wir wollen sie ergreifen, wie sie ist, nicht wie sie erscheint. Desgleichen geben wir, wenn wir einen Satz hören, nicht acht auf hohe und tiefe Töne, die gleichsam die Farbe der Stimme sind; wir gehen direkt auf den Sinn des Satzes zu. Desgleichen, wenn ich eine Orange sehe, die von einer Seite erhellt ist. Statt sie zu sehen, wie sie erscheint mit all ihren Nuancen farbigen Lichts und farbigen Schattens, sehe ich sie, wie ich weiß, daß sie ist, mit gleichmäßiger Farbe und mit ihrem Relief; das ist also für mich nicht ein kleiner Kreis mit abgestuften Farbtönen, sondern eine Orange. Desgleichen sind, wenn ich mich vor einer Landschaft befinde, die Bäume keine buntscheckige Oberfläche von mehr oder minder tiefem Grün, die von gelben oder braunen Linien durchschnitten wird; es sind Bäume. Und ich verstehe demnach, was ein Maler ist: das ist ein Mensch, der sich bemüht, nicht zu denken, nicht zu wissen, den ersten jungen Anschein der Dinge wiederzufinden. Wodurch er dahin gelangt, sie für die anderen gleichsam wirklich werden zu lassen. Schwierige Sache, wenn er ein Porträt malt, weil das menschliche Gesicht zu viel zu erraten aufgibt, als daß man es auf seinen Anschein reduzieren könnte. Der Künstler hat immer zu viel Geist.

24. Februar 1912

Kunstwerke sind Kinder der Tradition

Sobald man sich mit Leuten, die nichts zu verkaufen und keinen Grund haben zu lügen, über die Schönen Künste unterhält, findet man eine bedeutende Wahrheit wieder, daß nämlich die Kunstwerke Kinder der Tradition sind. Alles, was neu ist, ist häßlich; die neuen Möbelformen sind alle häßlich; die alten Kommoden sind fast alle bewundernswert; es gibt da Proportionen und Kurven, die die Idee der Vollkommenheit aufkommen lassen; wohingegen ich nicht glaube, daß es ein Beispiel geschwungener Linie gibt, die kürzlich erfunden wurde und die erträglich wäre. Das will ich nicht sagen, daß die Künstler von früher besser gewesen wären. Nur ist das Beste erhalten geblieben; alles übrige ist verfault und vergessen. Und das Beste aus jeder Epoche ist immer aus der Nachahmung der besten Formen hervorgegangen. Jeder erfand, indem er nachahmte; und das ist zweifellos jetzt noch immer so; aber wir sind überhäuft mit mittelmäßigen Erfindungen, was den Geschmack vieler Menschen verdirbt und die anderen schimpfen läßt. Nun, ich glaube, daß es immer so war. Während die Narren erfanden, kopierten die Weisen; und die kraftvollsten Nachbildner legten ihre ganze Natur hinein, ihren Pinselstrich, ihren Meißelhieb, ihren Schwung, ihren Akzent. Shakespeare kopierte; seine Stücke sind gemacht wie die anderen seiner Zeit; man findet Hamlets vor Hamlet, wie man Cids vor dem Cid findet. Nur drückte der geniale Kopist ihm seine Signatur auf;

und diese Signaturen werden ebenfalls wieder kopiert werden.

Lesen Sie Molière; das kommt aus fernsten Zeiten; der Mensch hat nur seine Modelle gewählt, und dann hat er seiner Kraft Ausdruck verliehen, vielleicht indem er vereinfachte, indem er reinigte; dieses Komische ist schlicht wie die schönsten Ornamente; eine entschiedene Linie, ein Geistesblitz, wo er hingehörte; da haben wir das »ohne Mitgift« oder das »Wie zum Teufel ist er in diese Klemme geraten?« Sogar wenn man ohne Vorurteil hinschaute, würde man sehen, daß das, was am meisten nachgeahmt ist, auch am meisten Molière ist, und zwar der schönste. Die schönsten Verse unserer Romantiker haben klassische Form; es gibt vielleicht irgendeine Ausnahme, aber die suche ich noch.

Alle schönen Dinge hat man gemacht wie schöne Geigen. Man sagt, nur die alten Geigen seien gut; aber unter den Nachahmungen alter Geigen gibt es zweifellos einige Exemplare, die ihren Modellen noch ein wenig überlegen sind; man bewahrt sie auf; Holz arbeitet, und die Töne der großen Künstler werden sie in hundert Jahren vollendet haben; und in hundert Jahren wird man wie jetzt sagen, daß die Kunst des Geigenbaus verlorengegangen ist. Diejenigen, die uns das einreden wollen, sind die, die sich nicht aufs Kopieren verstehen.

Ein genialer Geistesblitz ist immer ganz schlicht; eine erhabene Melodie ebenso. Man spürt, daß viele Autoren ihn gesucht haben; und derjenige, der ihn schließlich findet, kann niemals sagen, was er der Arbeit der anderen verdankt. Stradivarius hat die Geige nicht erfunden; niemand hat die gotische Kathedrale erfunden. Deshalb triumphiert der Historiker, indem er sagt, man müsse alle verfehlten Skizzen wiederfinden; aber nein. Ganz im Gegenteil; man muß jetzt das Meisterwerk kopieren. Tradition entsteht durch Verachtung der Geschichte und durch das Vergessen der verfehlten Werke. Es ist nicht wahr, daß eine verfehlte Skizze den Geigenbauer belehren könnte; im Gegenteil, er muß seine Aufmerksamkeit ausschließlich auf jene Form richten, die jetzt die beste ist. Man kann sagen, daß es die Ohren sind, die die Form der Geigen bestätigt haben. Aber was für eine Achtung daher vor den alten Formen! Was für ein Mißtrauen gegenüber den Neuerungen! Wenn man genau hinschaut, gilt fast dasselbe für gutes Französisch. Man muß kopieren und immer wieder kopieren; und erfinden, indem man kopiert. Und hier liegt die künstlerische Erfindung verborgen, die ihren Schwung daraus nimmt, nachzuahmen, wie der Musiker seinen Schwung daraus nimmt, das zu spielen, was der große Meister geschrieben hat. Die Musik ist das, was am besten diesen Übergang erklärt und die am besten zeigt, daß es einen anderen nicht gibt.

12. April 1912

Der Zweifel

Geistesfreiheit oder Weisheit, das ist Zweifel. Das wird allgemein nicht recht verstanden. Aber warum? Weil wir jene Leute für Zweifler halten, die spielerisch denken, ohne Zielstrebigkeit, ohne Konsequenz; kurz Faulpelze. Man muß sich vor dieser Verwechslung wohl hüten. Zweifeln heißt prüfen, heißt die Ideen zerlegen und wieder zusammensetzen wie Räderwerke, ohne Vorurteil und ohne Übereilung, gegen die Macht des Für-wahr-Haltens, die in jedem von uns ungeheuer ist.

Man hat Montaigne schlecht beurteilt; und daher kommt es ohne Zweifel, daß man ihn nicht genügend liest. Und wonach beurteilt man ihn? Nach seinem »Que sais-je?«, das keineswegs sein letztes Wort ist, das er aber nur denen, die aus sophistischer Spielerei an allem zweifeln möchten, vorsetzt als die am wenigsten behauptende Formel, die es gibt. Und dann nach dem, daß der Zweifel ein »weiches Ruhekissen für einen tüchtigen Kopf« ist. Aber diese beiden Formeln vertreten schlecht einen der kraftvollsten Denker, die man lesen kann. Wodurch? Durch völlige Offenheit, wie es scheint. Das ist ein Mensch, der wirklich denkt, nicht für die anderen, sondern für sich selbst, und der Inventur seiner Gedanken macht, der sie abwägt, der sie ausbreitet, der sie ohne Rücksicht, ohne Respekt durch das Feuer der Kritik gehen läßt. Wenn man ihm folgt, begreift man recht, wieviel an menschlicher Kraft es erfordert, um zu zweifeln. Zweifeln ist schwere Arbeit, wie Schmieden.

Renouvier, der auch ein kraftvoller Denker ist, aber abstrakter, weniger natürlich, weniger Schmied in seiner Art, hat eine sehr einfache, aber erschütternde Bemerkung gemacht, daß nämlich ein Narr niemals zweifelt. Ein Narr, das ist ein Mensch, der alles glaubt, was ihm in den Sinn kommt. Dieser Zustand, der uns so entsetzlich erscheint, so weit weg von uns, würde uns weniger erstaunen lassen, wenn wir an die Vielfalt und die Zusammenhanglosigkeit unserer Träumereien und Träume dächten. Im Schlaf glauben wir alles. Und was heißt denn aufwachen und zu sich kommen? Es heißt das Für-wahr-Halten abweisen. Es heißt nein sagen. Es heißt gegen die Idee denken, die sich anbietet. Es heißt zweifeln.

Angst ist eine tierhafte, sehr gefürchtete Regung. Und was bringt sie uns? Auf der Stelle eine Meinung. Die Angst ist tyrannisch behauptend. Ich fürchte den Wolf, ich sehe ihn, ich laufe Hals über Kopf davon; je mehr ich laufe, desto mehr glaube ich an ihn; meine Flucht erbringt den Beweis. Von dieser Bewegung steckt etwas in jedem Dogmatiker. Er behauptet, er setzt sich ein, er läuft. Er stürzt sich mit seinem ganzen Gewicht auf die Ideen wie der Hund auf den Hasen. Diese Heftigkeit macht den Redner aus, eine gefährliche Spezies, die zu sehr bewundert wird. Erregt sein, schreien, glauben, das ist alles tierhaft. Montaigne hat folgendes zu schreiben gewagt: »Halsstarrigkeit und Leidenschaft der Meinung sind der sicherste Beweis der Dummheit. Gibt es etwas Gewisseres, Entschlosseneres, Geringschätzigeres, Beschaulicheres, Feierlicheres, Ernsteres als den Esel?« Und lassen Sie sich nicht durch das Lächeln täuschen; es ist das Lächeln des Athleten, der die Hantel hebt.

8. Juni 1912

Widerstand und Gehorsam

Widerstand und Gehorsam, das sind die zwei Tugenden des Bürgers. Durch den Gehorsam sichert er die Ordnung; durch den Widerstand sichert er die Freiheit. Und es ist ganz klar, daß Ordnung und Freiheit untrennbar sind, denn das Spiel der Kräfte, das heißt der private Krieg in jedem Augenblick, schließt keine Freiheit ein; das ist ein Leben wie das der Tiere, das allen Zufällen ausgeliefert ist. Die beiden Ausdrücke Ordnung und Freiheit sind also weit davon entfernt, Gegensätze zu sein; ich möchte lieber sagen, daß sie sich gegenseitig bedingen. Freiheit geht nicht ohne Ordnung; Ordnung taugt nichts ohne Freiheit.

Gehorchen, indem man widersteht, darin liegt das ganze Geheimnis. Was den Gehorsam zerstört, ist Anarchie; Was den Widerstand zerstört, ist Tyrannei. Diese beiden Übel rufen sich gegenseitig auf den Plan, denn während die Tyrannei die Macht gegen die Meinungen einsetzt, setzen die Meinungen dagegen die Macht gegen die Tyrannei ein; und umgekehrt, wenn der Widerstand zum Ungehorsam wird, haben die Mächte leichtes Spiel, den Widerstand niederzuschlagen, und werden auf diese Weise tyrannisch. Sobald eine Macht Gewalt anwendet, um die Kritik zu töten, ist sie tyrannisch. Danach kann also ein vernünftiger Bürger seine Überlegungen ausrichten.

Wie die Dinge jetzt stehen und da das Recht der Kritik in unseren Institutionen und Sitten verankert ist, sehe ich, daß Ungehorsam das sichere Mittel ist, den tyrannischen Virus zu stärken, der nie ganz ohne Macht ist. Ein Minister wird auf der Tribüne sagen können: »Ich verfolge keineswegs Meinungen, sondern Handlungen. All diese Reden gegen den Krieg laufen darauf hinaus, Revolte und Desertion zu organisieren; das ist doch ganz klar; die Tatsachen beweisen es zur Genüge. Sogar in Friedenszeiten liegt die Dienstpflicht im Widerstreit mit den Interessen und Leidenschaften; wenn der Geist ihnen irgendwelche Zugeständnisse macht, werden die Instinkte der Angst, der Trägheit und des Egoismus sich als Vernunft ausgeben und die Ordnung zugrunde richten. Die menschliche Natur ist so geartet, daß die Leidenschaft regiert, sobald der Respekt geschwächt wird.«

Und genau da liegt der Denkfehler, der darin besteht zu glauben, Meinungsfreiheit sei mit Gehorsam nicht vereinbar. Ich kann bezeugen, daß das Gegenteil der Fall ist. Soweit ich gesehen habe, gehorchen diejenigen schlecht, die respektieren und zustimmen. Und warum? Weil sie nicht Herr ihrer selbst und folglich zu schwach gegen ihre Leidenschaften sind. Zum Beispiel trifft man allgemein an, daß der Soldat oder Unteroffizier, die die Macht als gegeben hinnehmen und nicht einmal im Fall einer Willkür an das Recht denken, auch diejenigen sind, die am ehesten die kleinen Pflichten vernachlässigen, sobald der Offizier abwesend ist. Es gibt eine Unzahl von Kasernengeschichten über dieses Thema. Willkür und Zügellosigkeit gehen von Natur aus zusammen. Das Recht bildet den Gegensatz zu beiden. Das Recht ist ein Gedanke; das Recht setzt Grenzen, nimmt also an und weist ab durch eben die Kraft des Geistes, die man Willen nennt.

In allen öffentlichen Diensten ist es ebenso. Die Höflinge machen Bücklinge und drücken sich vor der Arbeit, sobald sie können. Die Querköpfe tun ihre Arbeit sehr gut. Ich lese oft eine Zeitung gewerkschaftlich organisierter Volksschullehrer; es ist klar, daß sie ihre Arbeit tun; es genügt zu lesen, was sie über ihre Grammatik- und Rechenstunden schreiben, um sich davon zu überzeugen. Das also sind die Früchte der Freiheit. Wenn sie auf ihren Kongressen ganz klar die Widerstandspflicht und die Gehorsamspflicht definierten, wäre die Tyrannei machtlos.

4. September 1912

Trugschluß der Trägen

Ich las gestern eine sehr drollige Argumentation: »Man muß offenherzig sein; das ist die erste Pflicht. Jeder muß sich zeigen, wie er ist, und sich zunächst erkennen, wie er ist. Ich empfinde eine Begierde für eine Frau; ich muß sie mir zunächst ohne Umschweife eingestehen und sie dann anderen gestehen. Wenn ich sie mir dagegen verberge, indem ich zum Beispiel meinen Gedanken auf ein anderes Objekt lenke, bin ich in meinen Augen scheinheilig und ein Komödiant der Tugend. Mit dieser hübschen Methode ist keiner für sich selbst er selbst; kein Mensch zeigt sich anderen, wie er ist. Daraus ersieht man, daß die erste Tugend alle anderen töten würde und daß die Moral die Moral zerstört. In den guten Sitten läßt sich also alles auf Angst, Scheinheiligkeit und Höflichkeit zurückführen. Zum Beispiel will ich gut sein; aber das ist der Beweis, daß ich es nicht bin und daß meine Güte nur eine Maske ist, um die anderen zu täuschen.«

Diese Schlußfolgerung definiert sehr gut, was man Psychologie nennt, die in dem Bemühen besteht, sich selbst zu betrachten, wie man ist; aber das ist unmöglich, weil man sich zunächst nehmen muß, wie man ist, ohne etwas ändern zu wollen, was aus dem Psychologen, falls ihm das gelänge, eine Art Ungeheuer machen würde. Denn das Wesentliche des menschlichen Charakters besteht in dieser inneren Polizei, die die Leidenschaften zähmt; selbstverständlich nur mehr oder weniger; aber es gibt keinen Menschen, der sich nicht einer Regung kindischen Zorns, einer wenig schicklichen Begierde, einer geheimen Regung des Neides, über die er erröten würde, widersetzt; wer auf diese Kontrolle verzichtet, ist ein Verrückter. Wer sich bemühte, sie auch nur einen Augenblick außer Kraft zu setzen mit der Idee, sich selbst gegenüber völlig aufrichtig zu sein, verändert sich und verstümmelt sich und ist daher überhaupt nicht mehr aufrichtig und auch kein redlicher Beobachter mehr. Die Praxis der Beichte arbeitete mit dieser gefährlichen Spitzfindigkeit und lenkte den Skrupel auf die Sünde in Gedanken etwa so, wie man Öl ins Feuer gießt.

Lassen Sie uns zu Beispielen übergehen. Ein Mensch erkennt in sich eine gewisse Liebe zum Krieg um des Krieges willen. Nach der gesunden Moral wird diese Regung sogleich durch Vernunft und Willen unterdrückt. Wenn Sie sich aber von der Begierde ergreifen lassen, die Sache wissenschaftlich zu beobachten, dann lassen Sie sie erst richtig aufleben und sind auf einmal Krieger. Schließlich gefällt es Ihnen, Ihre Natur und Ihren Charakter anzunehmen; aber dabei vergessen Sie das Wichtigste, nämlich die menschliche Wahrheit, die in Ihrem Bemühen liegt, sich zu ändern. »Ich kann«, sagen Sie, »dieser Regung der Wut und der Begeisterung nicht Herr werden; ich kann diese Traurigkeit und diesen Haß nicht besiegen. Sehen Sie, sie entwikkeln sich nach ihrem eigenen Gesetz.« Das ist nur zu wahr, wenn man zuläßt, daß es wahr sei; es ist aber nicht mehr wahr, wenn man es ablehnt. Und eben darin unterscheidet sich mein Charakter von dem Charakter eines Dinges wie etwa eines Stücks Holz oder einer Bleikugel; diese Dinge muß ich nehmen, wie sie sind; nehme ich dagegen mich, wie ich bin, so heißt das, mich nehmen, wie ich nicht bin. Trugschluß der Trägen.

18. November 1912

Kinderzeichnungen

Ich habe gestern eine Sammlung von Kinderzeichnungen gesehen, die aus Grundschulen stammt. Eine Mischung aus sehr Gutem und sehr Schlechtem, die bestätigte, was ich oft von den Künstlern der Akademien gesagt habe. Diese Schülerzeichnungen sind von dreierlei Art: Nachahmungen, freie Zeichnungen, Ornamente.

Die freien Zeichnungen taugen nichts; das sind Kleckserelen. Das Kind muß auf seine Weise und aus der Erinnerung den Marktplatz, die Handwerke, die Spiele darstellen, also Szenen, die es gut kennt, um durch die Gruppierung der Dinge, die darin nach der Einbildungskraft verknüpft sind, mit Kraft ein Gefühl auszudrücken. Und das ist eigentlich akademische Kunst, die ihrer Natur nach zu frei ist und durch Tradition und Gehorsam begrenzt werden will. Diese Kinder wissen nichts davon; sie lassen ihrer Phantasie freien Lauf; das ist weder wahr noch schön; es ist manchmal, wenn man will, rührend; das offenbart immer eine Natur, die dann auf naive Weise ihre Spiele der Einbildungskraft entdeckt. Im großen und ganzen Psychologie; Betrachtung von Ideen, wie sie sich ohne Maß und Ordnung darstellen, solange sie sich nicht genügend nach der äußeren Ordnung richten. Ich mag diese Träumereien ohne Ausgewogenheit nicht allzusehr.

Die Nachahmungen sind viel interessanter. Warum? Weil man ihnen dann ein Objekt vorsetzt, etwa eine

Blume, einen Fisch, eine Muschel, eine Ähre, einen Zweig mit Kätzchen daran. Dieser ganz klare Gegenstand vertreibt die Träumereien; und die Natur schreibt sich auf das Papier ein, ohne daß sich angelernter Geschmack oder Handwerk einmischen, nicht ohne unsaubere Stellen; jedoch immer kraftvoll. Der Geist läßt sich daraus schon besser ersehen, und zwar in seiner natürlichen Funktion, die zunächst darin besteht, daß er sich den wirklichen Dingen unterwirft, indem er sich nur auf den Eindruck stützt. All diese Zeichnungen tragen den Stempel der Natur; die Ordnung der Dinge behauptet sich immer darin; das sind gleichsam mehrere Abzüge ein und derselben wirklichen Idee; zum Beispiel ist ein Meeresfisch mit lebhaften Farben etwa dreißigmal auf das Papier gedruckt; darunter findet man zwei oder drei Meisterwerke, die den Japanern nicht nachstehen.

Das Ornament trägt den Sieg davon. Man kann sagen, daß die dekorativen Werke aller Zeiten hier von diesen Knirpsen mühelos eingeholt werden. Warum? Weil das Thema diesmal vorgeschrieben wird, etwa sechs gleiche Blüten auf dem Rand eines Tellers oder eine Kachel mit einem Kreuz und Winkeln oder ein Band, das aus ein und demselben Motiv besteht, das sich wiederholt; oder eine Tapete, die sich in Sechsecke gliedert. Denn diese Einförmigkeit und Strenge des Themas bringen plötzlich die freieste, die vielfältigste und großartigste Erfindung hervor. Die Natur eines jeden einzelnen drückt sich dann kraftvoll nach dieser gemeinsamen Formel aus. Durch die Wahl der Formen, die eng begrenzt ist, wird sie dennoch über alle

Erwartung hinaus variiert; vor allem durch die Farben, die sehr oft eine tiefe Harmonie, eine volle Befriedigung, schließlich den ganzen Reichtum einer durch die menschliche Ordnung disziplinierten Inspiration vermitteln. Das ist eine Gelegenheit zu verstehen, daß die Gesetze der Kunst die Stütze der Kunst des Spielens sind. Und das läßt mich verstehen, warum der Künstler der Akademie immer die Regel sucht, weil seine Phantasiekunst und sein parasitäres Leben sie nicht genügend empfinden; wohingegen der Arbeiter, der immer zur Genüge durch die Notwendigkeit der Dinge reguliert wird, die Freiheit sucht zur Verzweiflung des akademischen Künstlers, der als Sklave sterben wird, weil er frei geboren ist.

31. Mai 1913

Drei Klassen

Ich sehe bei uns drei Klassen: den Bürger, den Bauern, den Arbeiter. Und man könnte sie vielleicht durch die Ordnung ihrer Meinungen charakterisieren, das heißt durch ihre Art zu denken, die ihrerseits, was unvermeidlich ist, an ihre übliche Arbeit gebunden ist.

Der Bürger verdient seinen Lebensunterhalt dadurch, daß er zu gefallen sucht. Er zieht seinen Vorteil aus den Menschen, nicht direkt aus den Dingen. Ein Bankier, der sein Papier anlegt, ist ein Bürger; ein Kaufmann, der seine Ware geschickt auslegt, ist ein Bürger; ein Präfekt, der Streitigkeiten schlichtet, der verhandelt, der die Parteien zusammenführt, ist ein Bürger. Ein Studienrat ist ein Bürger, denn er muß seinen Schülern und deren Eltern gefallen. Der Volksschullehrer auch; aber man kann sagen, daß er sich zwischen zwei Klassen befindet, weil er die Kinder aus dem Volk aufnimmt und mit ihnen umgeht. Wenn man über diese kleinen Unterschiede hinwegsieht, scheint es mir, daß Höflichkeit die erste Regel des bürgerlichen Geistes ist; sie widersprechen nicht gern; sie diskutieren mit Höflichkeit; sie lieben die Übereinstimmung der Meinungen, und sie ziehen die Gemäßigten vor, vor allem aus Höflichkeit.

Was mich an den Meinungen der Arbeiter immer frappiert hat, ist, daß sie ohne jede Höflichkeit sind; ich meine damit, daß sie, wenn sie Sie fragen oder widerlegen, Ihnen nicht zu gefallen suchen; wenn Sie schockiert sind, machen sie sich darüber lustig. Dadurch erschrecken sie zunächst den Bürger. Das hängt gewiß mit der Unabhängigkeit zusammen, die sie durch ihre handwerkliche Geschicklichkeit erwerben. Wer sich darauf versteht, Schuhe herzustellen, braucht dem, der ihn bezahlt, nicht zu gefallen. Aber es gibt einen anderen, viel wirklicheren Grund, der aus dem Werkzeug und der Sache stammt. Denn diese ganze Materie ist ohne Höflichkeit und ohne Laune; man muß sie beobachten und meistern, ohne Rücksicht, ohne Vorsicht. Dieses Studium der Dinge und dieser Umgang mit den Dingen sind es, die den Menschen belehrt und die Götter ihrer Krone beraubt haben. Die Weisheit, die mehr und mehr triumphiert, ist die des Schmieds, des Schlossers, des Maschinisten. In der bürgerlichen Arbeit gibt es Wunder, denn eine gute Rede stimmt den Kunden um; in der Tätigkeit des Arbeiters gibt es keine Wunder. Maxime für den Bürger: »Der Mensch vermag etwas, soweit er gefällt.« Maxime für den Arbeiter: »Der Mensch vermag soviel, wie er kann.« Der wahre Wissende ist ein tüchtiger Arbeiter.

Der Bauer hat einen anderen Charakter. Einerseits kann man sagen, daß er mit Dingen umgeht, was ihm Wirklichkeit verleihen würde und jene Würde des Arbeiters, die handelt, statt zu bitten. Aber unter den Dingen, mit denen der Bauer umgeht, gibt es Haustiere, denen gegenüber es einer Art Beredsamkeit bedarf, die teils erfinderisch, teils brutal ist. Und in diesem Sinne wäre ein Kutscher ebenso Bauer wie Arbeiter, aber auch Bürger in dem Sinne, daß er von Höflichkeit lebt. Die Dinge des Bauern, vor allem Erde, Regen, Sonne, haben insgesamt ihre Launen; die Jahresezeiten richten sich nicht nach der Arbeit wie Eisen und elektrischer Strom. Die gewaltigen meteorologischen Phänomene sind dem Anschein nach unregelmäßig. Daher betet man, um Regen zu haben; man würde nicht beten, um gut gehärteten Stahl zu haben. Es ist also wahrscheinlich, daß der Bauer immer zum Aberglauben und zur religiösen Poesie neigen wird, weil sich in seine Erfahrung immer Vieldeutigkeit mischt. Auch wird er weniger an die Gerechtigkeit glauben, was der Arbeiter tut. Er wird zu warten wissen. Geduld: bäuerliche Tugend; Hoffnung: bürgerliche Tugend; Wille: Tugend des Arbeiters.

10. Juni 1913

Über Prosa

Ich bin oft ziemlich streng mit den Dichtern ins Gericht gegangen; ich mag die Redner nicht sonderlich mehr, ich meine die ausgezeichneten. Ein Mann von gründlicher Bildung machte mir deswegen Vorhaltungen, er sagte, daß jegliche Äußerung, die von Herzen kommt, von selbst die Bewegung und den Rhythmus der Beredsamkeit annehme, die in der Poesie nur feiner und besser geregelt sei. Er zitierte aus dem Gedächtnis, und seine Beispiele waren gut gewählt. Ich wußte die Prosa nicht angemessen zu verteidigen. Es scheint mir, daß die Stimme eines Lesenden sie immer verdirbt und daß das Auge sie besser erfaßt. Sie zeigt kein Entgegenkommen; sie täuscht das Ohr; sie will nicht singen; keinerlei sibyllinische Zuckungen. Keine Wildheit. Keine Religion. Sie ist das Menschliche schlechthin. Der Geistesblitz fährt zu wie ein Werkzeug.

Als Napoleon während des Frankreichfeldzuges gemeldet wurde, daß Soissons zwei Tage zu früh kapituliert hatte, verharrte er einen Moment schweigend und sagte dann: »Das ist nur ein unglücklicher Zufall; aber zu diesem Zeitpunkt hätte ich etwas Glück nötig gehabt.« Dieses Wort stammt von einem Mann, der früher sogar das Schicksal bestimmte. Das ist ein Flügelschlag. Die Deklamatoren versuchen so etwas nur; dieser hier macht es. Bemerkenswert ist, daß ich bei Stendhal, einem Menschen aus derselben Zeit und von derselben Heftigkeit, weitere Beispiele dieser Kunst ohne Retuschen suchen würde: »Er sah zu seinen Füßen zwanzig Meilen Land. Von Zeit zu Zeit nahm er einen Sperber wahr, der von den großen Felsen über seinem Kopf aufgestiegen war und in der Stille seine ungeheueren Kreise zog. Juliens Auge folgte unwillkürlich dem Raubvogel. Seine ruhigen und kraftvollen Bewegungen ergriffen ihn, er beneidete diese Kraft, er beneidete diese Einsamkeit. Das war das Schicksal Napoleons; würde es eines Tages auch das seine sein?«

Ich sehe darin keine Spur jener Nachahmung, die man Rhetorik nennt; diese Prosa ohne jede Schaustellerei stammt aus einer Zeit, in der die anerkannte Kunst deklamierte. Der Wille zeigt sich hier eher als die Begierde. Das Tun verschlingt das Gefühl, ebenso verschlingt diese Prosa ganze Bände von Versen, wie die Erde Wasser aufnimmt. Die Bilder sind hier keine Operndekorationen; sie sind Bewegung, Blitz, Vogelsilhouette. Es ist schön, daß das Wort beschreiben zwei Bedeutungen hat, wonach eine Bewegung beschreiben sie machen heißt. Daher vergleicht die eine, aber die andere symbolisiert. Ich weiß noch lange nicht, was Prosa ist, noch was sie vermag, noch was sie muß. Ich habe oft Kunstkritiker bewundert, die über Malerei schreiben; denn Malerei ist noch verborgener als Prosa. Heute stelle ich einen Gegensatz zwischen Poesie und Prosa fest; Poesie entwickelt und vergrößert zufällige Bilder; eine gewisse Prosa verzichtet auf diese Art von Schmuck. Man muß jedoch Prosa ebenso zu spielen lernen wie Geige. Bei Stendhal finde ich eine Kunst, die auf das Ornament zu sehr verzichtet; wohingegen Chateaubriand, wenn man so sagen darf, Prosadichter ohne jede Schwierigkeit ist; jedoch weiß ich auch, daß es nicht ungefährlich ist, Chateaubriand nachzuahmen. Umgekehrt wird Stendhal noch mehr als ein junges Genie zugrunde richten.

Stendhal steht dem Redner so fern wie nur möglich. Eine Predigt ist weitschweifig. Sie muß sich an das Ohr wenden, es mehr als einmal beeindrucken und sich wiederholen. Vorbereiten, ankündigen; aus der Erwartung besteht die Macht des Redners und des Lyrikers. Erwartung des Reims, der Zäsur, des Ausklangs. Eine Periode ist wie ein Drama mit Exposition, Schürzung des Knotens und Lösung. Das ist ein Gewitter, gesehen durch ein Fenster. Der andere Künstler ist mitten darin; man hört das Echo seiner Schritte; nicht zweimal; nur einmal. Er legt das Werkzeug aus der Hand, er hebt die Augen; die ganze Poesie vergeht wie ein Ruf von Hügel zu Hügel. Der Zauber dieses nackten Stils besteht darin, daß man nicht wie ein Kind im Theater etwas erwartet, sondern zurückblickt. Das Auge haftet nicht an der Zeile, es nimmt das Bild wieder auf. Dieser knappe Stil bringt Sie zum Laufen; wohingegen der andere für uns läuft, die wir sitzen. Deshalb will der eine deklamiert, der andere will in Metall graviert sein. Prosa, bronzener Bote, immer auf einem Fuß.

30. März 1914

Jeanne d'Arc

Ich habe nicht für Jeanne d'Arc geflaggt. Es liegt zu viel Lüge oder, wenn man will, zu viel Verwirrung in diesem Fest, das man uns verordnen möchte. Es ist schon ein wenig stark, die Fahnen des Papstes zu hissen, indem man die der Heldin dazu hängt. Aber man täuscht noch mehr, wenn man Jeanne d'Arc als Genie des Krieges feiert. Genie des Friedens vielmehr. Die Pazifisten dürfen sich nicht ihre Götter stehlen lassen.

Diese Kriegerin hat nie eine Waffe getragen, noch hat sie Blut vergossen. Sie wollte die Gerechtigkeit und daß der Engländer abzog; aber sie konnte nicht hassen. Ihr Herz brachte es nicht über sich; aber welches kraftvolle Denken, welch tiefgründige Lehre wird je die gemeinsamen Wurzeln der Macht und der Gerechtigkeit freilegen; der Instinkt des Volkes, dieser Schmied der Sprache, erhellt auch den abstrakten Gedanken, wenn er will, daß dasselbe Wort Herz zugleich Liebe und Mut ausdrückt. Die Ehre des Krieges besteht darin, daß sie zugleich Friede in sich selbst und um sich ist. Die Jungfrau und ihre Standarte bezeichnen das gebieterisch; aber man muß sie sehr verehren, wenn man sie verstehen will. Wenn ich daran denke, daß bei diesem Fest der Zorn, der immer Verbündeter der Ungerechtigkeit ist, noch einmal sein zweideutiges Gesicht zur Schau tragen wird, dann möchte ich lauthals schreien, daß das ein Sakrileg ist. Aber es ist besser, diese schwierige Idee der gerechten Macht zu erklären, noch besser wäre es, sie exakt zu umreißen. Wozu auch der schöne Mythus von Herkules dienen kann, obwohl er weniger ergreifend und vielleicht weniger vollkommen ist, denn es ist nicht gesagt, daß Herkules ohne Zorn zuschlug noch daß man überhaupt fest genug zuschlagen kann ohne einen kurzen Augenblick des Zorns. Das Schönste an Jeanne d'Arc ist, daß sie das Schwert den anderen überließ, da sie ahnte, daß Entschlossenheit die wahre Waffe war. Vielleicht ist die Zeit angebrochen, wo es genügt zu wollen. Und wenn das noch Utopie ist, so ist es doch eine edle Idee, die man an diesem Tag der Jeanne d'Arc feiern muß; diese und keine andere.

Ich möchte meine Gedanken noch weiterführen. Dieser Mythus hat Tiefe. Was an diesem schönen Tag gefeiert würde, wenn sich das Volk an diesem Fest beteiligte, wäre eher der kriegerische Glaube als die kriegerische Kunst. Denn es hat ja zu jener Zeit eine Kunst des Manövrierens und des Belagerns gegeben, wie es heutzutage eine Kunst der Mobilmachung und des Konzentrierens gibt. Und Berufssoldaten zu jener Zeit wie heute. Aber schließlich war die Naivität, die geradewegs aufs Ziel zugeht, wieder einmal die stärkste, und es war eine Hirtin, die die Engländer vertrieb. Ein Wunder, hat man zu Recht gesagt. Es ist unerhört, daß ein Volk von Handwerkern den Generälen eine Lektion erteilen möchte und nicht trotzdem, sondern deswegen stärker ist. Das ist unerhört. Wir wagen nicht, uns eine Vorstellung zu machen von einem Volk, das ungerecht angegriffen wird und das Werkzeug fahren läßt, um zur Waffe zu greifen, das stärker ist durch sein Recht als durch eine eitle Wissenschaft, die es nicht einmal erlernen möchte. Eine übermenschliche oder fast übermenschliche Idee. Aber was bedeuten denn die Siege der Jeanne? Was will uns dieser vollkommene Mythus sagen, der uns durch eine Gnade in unserer Geschichte widerfahren ist? Und was ist denn dieser König von Bourges, dieser Sieger wider Willen, was ist er schon neben dieser kühnen Schäferin, wenn nicht die immer gleiche Elite, die immer ihren Vergnügungen nachläuft, die immer schlecht denkt und sagt, was andere gut tun? Ein noch zu mächtiger Gedanke für uns. Wir wagen nicht zu glauben, daß man durch Arbeit lernt, sich zu schlagen, und daß der wahre Krieger am Schmiedefeuer und hinter dem Pflug steht, während die anderen tanzen. Eine Wahrheit für die Zukunft, die der Henker nicht verbrannt hat.

26. Mai 1914

Emphase in der Musik

Oft sagt man, Chopin habe in seinen Polonaisen oder Walzern das Unglück seines Vaterlandes oder die Qualen seines eigenen Herzens gefeiert. Aber der Musiker entzieht sich solchen literarischen Urteilen durch diese Bescheidenheit in Tätigkeit, die die Seele der Musik ist. Nun denken Sie vielleicht an irgendeinen emphatischen Musiker; dennoch schlage ich Ihnen die Idee vor, daß die geringste Spur von Emphase oder Schwulst, wie man gern sagt, die Musik und die Statue sogleich entehrt, deutlicher noch die Musik, weil sie wie ein schwebendes Band in der Luft sich durch die geringste Regung des Zorns oder der Eitelkeit deformiert. Der beste Beweis dafür ist der Sänger, denn sobald er es an Bescheidenheit fehlen läßt, und sei es noch so geringfügig, wird der Ton zum Schrei und beleidigt das Ohr; gleichzeitig wird der Rhythmus gestört und die Phrasierung durchbrochen. Die Tugend des Geigers und des Pianisten ist von gleicher Art. Die ganze Kraft des Streichquartetts, wenn es ein gewaltiges Werk Beethovens zum Leben erweckt, kommt daher, daß die Künstler sich zu Dienern der Musik machen und dann nichts anderes zum Ausdruck bringen als gereinigte menschliche Natur. Chopin gestand das ganz offen, als er unter den Namen *Préludes* und *Études* ergreifende Kompositionen veröffentlichte, von denen einige das Erhabene streifen. Die Musik hat mich darüber belehrt, daß Ausdruck und Gemütsbewegungen in der Kunst nicht viel bedeuten. Je mehr

Weite und Höhe ein Adagio hat, desto unbestimmter ist das Gefühl, das es zum Ausdruck bringt. Diese Bemerkungen führen zu einem Widerspruch, was das Musiktheater betrifft; denn da ist das Gefühl gegeben und fest umrissen. Vielleicht müßte man von allen Künsten sagen, daß sie niemals ein bestimmtes Gefühl ausdrücken, sondern daß sie vielmehr einen Raum bereitstellen für Gefühle, der allen Größe verleiht. Man hat oft gesagt, daß die Tragödie dem Melodram ähnelt; man muß hinzufügen, daß die dem Vers eigene Harmonie das ist, was die Gefühle bis zum Tragischen erhebt, das heißt bis zu einem Punkt, wo die Höhe bewirkt, daß man fast aufhört zu empfinden. Was die Poesie betrifft, könnte man dahin gelangen, das poetische Gefühl zu beschreiben und es von allem zu trennen, was die Sprache ausdrückt. Denn es ist wahr, daß das Gedicht noch dem geringsten Wort Gewicht verleiht. Auch die Musik versetzt uns in eine andere Dimension der Gefühle, aber von ihr fordert der Mensch Rechenschaft für diese magischen Wirkungen, und da er nicht begreift, daß allein die Negierung der aufgeregten und unruhigen Existenz das ganze Erhabene ausmacht, sucht er irgendeinen äußeren Gott, der Gegenstand oder Idee sein soll; diese Suche ist eigentlich Götzendienst.

Ich habe einen kraftvollen Pianisten bei seinem Spiel beobachtet, der dafür bekannt ist, dem Beethoven der drei letzten Sonaten zu ähneln, soweit das möglich ist. Er hat mir eine Vorstellung davon vermittelt, wie Beethoven selbst am Klavier improvisiert haben muß. Er war ganz taube und blinde Maske. In dieser menschlichen Gestalt war aller Wille zu gefallen oder zu bewegen erloschen. Aber dann erhob sich der Gesang, der dem einzigen Gesetz folgte, sich selbst Antwort zu geben, sich selbst fortzusetzen, sich selbst nach dem inneren Gesetz zu vollenden ohne jede äußere Störung. So improvisierte der Meister der Zeit, indem er sich zunächst ein Material verschaffte durch eine Art reichen Tumults aus Ansätzen, der von einem starken Rhythmus diszipliniert wurde, und indem er dann diesen Reichtum nach der Erwartung entwickelte, indem er alle schwebenden Klänge wieder aufnahm und an ihre Stelle setzte bis hin zu dem Triumph der verhaltenen Bewegung, wo selbst die Pausen zählen, der Rhythmus sich auflöst, die Klangfülle überwunden, die Zeit erlöst wird und stillsteht. Das ist Unterhaltung der Kraft mit sich selbst. Das Zeichen ist die Negation der Zeichen; so wirkt in solch kostbaren Augenblicken diese Kraft auf alle ein ohne jede Täuschung. Vielleicht muß man in gewisser Weise in ihrer Mitte festgehalten worden sein, muß man diese erhabene Stille einen Augenblick lang abgewogen und ermessen haben, um dann die Zeit in ihren Spielen und Variationen wiederzufinden, diese unterworfenen Objekte, diese durchsichtigen Gedanken.

Das sind immer noch Metaphern; das ist immer noch Literatur; aber wenigstens ganz nahe an das Objekt und an die Form des Objekts herangetragen, um daran zu erinnern, daß Musik nichts als Musik ist, daß sie sich in sich selbst abschließt und sich selbst genügt. Was gleichzeitig die anderen Künste erhellt, die nicht weniger der Versuchung durch Emphase und Grimasse ausgesetzt sind, wenn sie dafür auch vielleicht nicht so prompt bestraft werden.

24. November 1921

Der Gewissensbiß

Das Tun verschlingt das Denken. Darum gerät der Gewissensbiß in Verdacht, eine Erfindung der Dichter zu sein. Vielleicht hat man Gewissensbisse wegen einer üblen Begierde; aber wegen einer Tat nicht. Hamlet spürt den Gewissensbiß jenes Verbrechens, das er nicht begangen hat; aber wegen dieses Degenstichs in den Wandteppich wird er kein Bedauern empfinden. Jeder Verbrecher führt einen Krieg; er wird freigesprochen von seinen Muskeln, die noch in der Erinnerung den Schwung des Eroberns wiederaufnehmen und das Denken vorantreiben. Wie es im Handeln kein Nachdenken gibt noch irgendein Urteil über sich selbst, ohne das man es nicht tun würde, so stürzt sich noch in der Erinnerung die Aufmerksamkeit ganz auf das Objekt, und der Körper gibt der Kraft Ausdruck, die sich über Gut und Böse hinwegsetzt.

Ich erinnere mich eines Sommernachmittags im Jahre 15, als ich mich im Totschlag übte. Ich verfolgte mit dem Fernrohr die Bewegungen eines Kochs oder Essensträgers der anderen Armee, der mit seinen Kochgeschirren daherkam. Ein Geschütz war gerichtet und geladen; es bedurfte nur eines Wortes in die Muschel des Telephons; und alles war derart berechnet, daß in dem Augenblick, da der Mann an einem kleinen Strauch vorbeiging, die Granate abgefeuert werden mußte. Der Befehl wurde in diesem Augenblick gegeben, und gleich danach vernahm ich den Knall und das Geschoß, wie es die Luft zerriß. Das Geschehen war nun den Kräften der Natur überantwortet, dem Wind und der Schwerkraft. Alles kehrte wieder zur Stille zurück. Der Mann ging immer noch mit ruhigem und gleichmäßigem Schritt. Ich zählte etwa zehn Sekunden, und er machte etwa zwanzig Schritte. Da blieb er stehen wie ein Mensch, der horcht, und warf sich rasch zu Boden in dem Augenblick, als ich sah, daß die Granate explodierte. Kurz danach erhob er sich und lief auf einen bekannten Laufgraben zu, in dem er untertauchte. Ich zählte die Schritte des Läufers, um eine genaue Einschätzung des durchlaufenen Abstandes und der Zeitspanne zu haben. Worüber ich tausend Überlegungen anzustellen hatte; und es fehlt uns nicht an Gelegenheiten, Gefühle dieser Art nachzuempfinden. Das brutalste Wesen war hier einer wirklichen Sympathie fähig durch eine Erfahrung der Beunruhigung, der Angst, der Flucht, die sich hundertfach wiederholte. Und was mich angeht, so war ich recht wohl in der Lage, über dieses mechanische Morden nachzudenken und es zu verfluchen. Aber solche Gedanken kamen mir nicht in diesem Fall; denn die Aufmerksamkeit war vollauf beschäftigt. Und in der Erinnerung stellen sie sich nicht besser ein, weil der Eifer des Jägers mich immer noch mitreißt; zwar schwächer, aber in derselben Art, mit demselben Ausmaß des Denkens und derselben Art des Denkens. Andere Erinnerungen dagegen, in denen ich die Rolle des Opfers spiele, wenn auch nur, was die Angst betrifft, sind noch heute ziemlich quälend, so daß ich mich hüte, daran zu denken. Nehmen wir also ein erregendes Verbrechen an und daß das Opfer sich von seinen

Verletzungen erholt hat; es wird das Opfer sein, das schlimme Träume hat.

Jeder Mensch ist empfindlich, wenn er Zuschauer ist. Jeder Mensch ist unempfindlich, wenn er handelt. Das erklärt zur Genüge die Wechselfälle des Lebens, vorausgesetzt, daß man daran denkt. Dennoch kann man fast nie daran denken. Denn sobald ich mir das Verbrechen eines anderen vorstelle, stelle ich es mir als Zuschauer vor; es scheint mir, daß der Verbrecher für immer ein gebrochenes Herz hat. Und er hätte es, wenn er Zuschauer wäre. Man hat mehr als einmal darauf hingewiesen, daß es im Theater nicht immer die zartesten und gewissenhaftesten Seelen sind, die menschliche Gefühle und sogar Tränen zeigen. Aber die unbeugsame Entschlossenheit, die Behutsamkeit, die Entscheidung, die Schnelligkeit des Menschen, der handelt, sind unverständlich für den, der ihm zuschaut. Daher die Verbrechen des Krieges, die jedes Maß übersteigen und die nichts offenbaren über die Natur derer, die sie begehen. Ob trockene oder reizbare oder empfindsame Herzen, im gewöhnlichen Leben ist das alles einerlei, sobald das Handeln sie mit sich fortreißt. Und der Gewissensbiß ist bei den Besten gewiß eine Sache des Willens und völlig abstrakt; diese Art von Gewissensbiß beißt überhaupt nicht. Ein Jäger ist oft ein Freund der Tiere; aber wenn er ein guter Schütze ist, dürfen die Rebhühner nicht mit dieser Liebe rechnen.

25. März 1922

Die Bedingungen der Erfahrung

Unsere fernen Vorfahren waren nicht dümmer als wir. Sie hatten wie wir die ganze Erfahrung auf dem Hals; sie standen wie wir mitten in der Erfahrung; ihre geringsten Bewegungen veränderten die ganze Erfahrung nicht anders als unsere geringsten Bewegungen; auch ihre Gedanken waren in dem großen Schmelztiegel wie die unseren. Deshalb unterlagen sie dem Gewicht der Welt und ihrer selbst. Die naiven Regenmacher brachten den weiten Himmel, die Erde und ihre eigenen Gebete in die Erfahrung ein; das war viel zuviel für ihr Urteil und für jedermanns Urteil. Wenn also der Regen nicht kam, wie sie wollten, dann nahmen sie nur an, daß sie schlecht gebetet hatten oder daß irgendein profanes Tun oder Denken einen von ihnen beschmutzt hatte; man mußte also wieder von vorn anfangen. Die ungeteilte Erfahrung mußte die absurdesten Fehler stützen.

Unsere Gewittermacher handeln nicht anders und denken nicht besser. Denn indem sie die ganze politische Welt und sich selbst in die Erfahrung einbringen, geben sie vor zu beobachten, vorauszusehen, anzukündigen; aber die Erfahrung wird ihre naiven Annahmen immer wieder bestätigen; immer wieder wird es wahr sein, daß man sich ein Volk zum Feind macht, wenn man es als Feind behandelt; man sagt den Krieg voraus und bereitet sich gleichzeitig auf ihn vor. Es gibt eben Gründe für alles. Wenn der Krieg ausbricht, wird man sagen, daß man allen Grund hatte, ihn vorzubereiten;

wenn der Friede sich einstellt, wird man sagen, daß man den Frieden sichert, indem man sich auf den Krieg einstellt.

Wo also sind die, die die Wahrheit suchen? Und wie suchen sie sie? Ob in der Physik oder in der Chemie, ich sehe sie alle vorbereitet durch das Studium der einfachsten und der unterschiedlichsten Probleme aus der Mathematik, Mechanik, Astronomie. Daraus nehmen sie dieses mächtige Vorurteil, daß man Verstand nennt; daraus diese Methode, eine Tatsache zu isolieren, so gut sie können, und immer nur eine Tatsache auf einmal zu untersuchen. Deshalb wirft man ihnen vor, daß sie sich nicht um das große Ganze kümmern; aber sie wissen wohl, daß sie das große Ganze außer acht lassen; sie bemühen sich ja gerade, es zu vergessen; sie schirmen die Retorte oder den Wärmemesser ab; sie schirmen das Labor ab; sie verweigern sich den vieldeutigen Lehren, die das Universum uns in jeder Minute vor Augen führt.

Sie haben nicht unrecht. Schaut euch die Spiritisten an, wie sie zu dem totalen Problem zurückkehren, sie selbst mitten in dem Problem; sie glauben alles. Denn überall regnet es Beweise, deren Sinn sich uns entzieht. Die Welt tragen wie Atlas, das gibt kräftige Schultern; aber der gesunde Menschenverstand gewinnt dabei nichts. Tragen heißt nicht verstehen. Ganz im Gegenteil, man versteht nur gut, was man nicht trägt. Kurz, man muß von vorn beginnen; und die Natur führt uns vor Augen und legt uns in die Hände, was es an Dunkelstem und Schwierigstem gibt. Man muß diese List des Verstandes verstehen und diesen ungeheuren Umweg, der uns durch das Einfachste, das Abstrakteste und das am wenigsten Nahe belehrt. Wenn man recht verstehen will, muß man wenig verstehen wollen. Und der Übergang vom Abstrakten zum Konkreten vollzieht sich durch das ferne Objekt der Astronomen, das zum Glück auch unsere Leidenschaften interessiert. Ohne dieses Zusammentreffen, und wenn man zum Beispiel einen stets bewölkten Himmel voraussetzt, würde ich mit Comte sagen, daß ich nicht sehe, wie wir aus der fetischistischen Kindheit herausgekommen wären. Man sagt wohl, daß allein die Erfahrung uns belehrt; aber man muß über die Erfahrung hinausgehen und sie beherrschen.

16. Mai 1922

Vom Wert des Lateinischen

Lange Zeit schätzte ich das Griechische über alles wegen Platon, der nicht seinesgleichen hat. Jetzt neige ich dazu zu denken, daß das Lateinische vielleicht noch besser ist für den Geist. Es steht uns näher; es ist unsere Sprache in ihrem ersten Zustand; schon die Form der Wörter zeigt uns das an. Aber eben dadurch hat das Lateinische im Innersten mehr Gewalt über uns und führt uns besser zu uns zurück; nicht durch Ideen, sondern durch die Form, die sich direkt auf unser Leben bezieht; denn die Geste, die Haltung, die Leidenschaften und schließlich die ganze Gymnastik der Muskeln ist unmittelbar an die Sprache gebunden; so vollenden diese kraftvollen Ellipsen, diese Brücken von einem Wort zum anderen, diese vergilischen Rätsel unsere Gedanken nach der Art der Geste, wie es unsere bäuerliche Sprache tut. Jeder weiß aus Erfahrung, daß seine wahren Gedanken zunächst den Akzent seiner Provinz haben; was mich betrifft, so denke ich als normannischer Bauer nach, nicht als Städter. Aber das Lateinische ist zutiefst ländlich. Diese Gedanken stammen aus der Erde und tragen Hoffnung in sich. Wie ich oft festgestellt habe, bildet das Griechische mehr, aber das Lateinische bereitet besser vor.

Ich kann genug Latein, um vor einem guten Latinisten Achtung zu haben und ihn sogar zu definieren. Das ist ein Mensch, der sich nicht seiner Intelligenz bedient, wie man glauben könnte, oder der sich zumindest ihrer nicht übereilt bedient; und ich bewundere, wie er auf den Sinn zugeht nach den Regeln der Grammatik und der eigentlichen Bedeutung der Worte. Es ist eine gründliche Lektion, wenn die Intelligenz, die stets genügend erfindungsreich und ehrgeizig ist, niedergedrückt wird auf eine Verknotung der Syntax; so werden wir zu der Pflicht zurückgerufen, menschlich zu denken, ich meine über die menschlichen und geheiligten Zeichen, und nicht gemäß unserer Phantasie. Und das vergessen unsere abstrakten Denker immer wieder, weil sie keine literarische Bildung haben. Es sind keine Ideen, die wir zu begreifen haben, sondern eher Gegenstände und Zeichen, und die Zeichen sind menschliche Gegenstände. Und ich würde sogar sagen, daß die Objekte wie Sonne, Mond, Fluß oder Heckenrose uns noch zu viel Freiheit lassen, weil sie zu viel bedeuten; daher eine schweifende Träumerei oder abstrakte Gedanken; wohingegen das menschliche Zeichen geheiligt ist; es führt mich zu seiner Form zurück durch die Magie, die ihm eigen ist; ob vertraut oder fremd; wie ich will, und das spüre ich wohl, aber nicht wie ich weiß. Der Ausländer wird nie verstanden, weil er sich leider erklärt, und so verliert er sich für sich selbst und für mich. Zum Glück ist Tacitus ein unveränderliches Zeichen und nur Zeichen. Jedes Kunstwerk fesselt den Geist und hält ihn fest durch dieses gebieterische Zeichen, das es bildet; aber unter allem Geschriebenen hat das Lateinische diesen Vorzug für einen Franzosen, daß es uns zurückhält durch die erste Ähnlichkeit, die zunächst verneint und dann wiedergefunden werden will.

Nach diesen Bemerkungen läßt sich verstehen, was

die Erfahrung gezeigt hat und was zunächst skandalös erscheint, daß die Übersetzung aus dem Deutschen oder Englischen keineswegs die Übersetzung aus dem Lateinischen ersetzt. Ich möchte zunächst mein Augenmerk darauf richten, daß es der gewöhnliche Gebrauch ist, der uns den Schlüssel zu den modernen Autoren liefert, was uns den wörtlichen Sinn gar nicht erst suchen läßt; daraus folgt, daß wir auf den Busch klopfen, ein Spiel, das für niemanden taugt. Ich würde auch sagen, daß die modernen Gedanken nicht so viel Hoffnung enthalten wie die alten; man widerlegt sie leichter, statt sie fortzusetzen; daraus ergibt sich eine Traurigkeit, wenn man Shakespeare oder Goethe liest, ich meine etwas für uns Abgeschlossenes dort, wo wir stehen. Wenn man von ihnen ausgeht, öffnet sich die Welt nicht weit genug.

25. Juni 1922

Man muß sich hüten zu gefallen

Schamhaftigkeit ist eine Vorbeugung gegen Sympathie. Das zeigt sich so lange nicht, als man nicht erkannt hat, daß Sympathie etwas Äußerliches und Fremdes ist. Aber man muß erkennen, daß die Sympathie so ist. Wenn jemand mich zum Lachen bringt, bin ich darauf nicht immer stolz; wenn ich nicht zunächst zugestimmt habe, wenn ich mich nicht darauf eingestellt habe, ist dieses Lachen indiskret, es bricht in mich ein; es hat nicht um Erlaubnis gebeten. Ich will prüfen, bevor ich mich dieser mechanischen Nachahmung überlasse, die schließlich meine Laune und auch meine Ideen Zufällen unterwirft; ich fürchte noch mehr, mit gleicher Münze heimzuzahlen, und das, ohne es zu wollen. Auf diese Weise würden Leute, die einem nichts bedeuten, ins Herz der Festung gelangen; das ist nicht zu viel gesagt, weil das Lachen die innersten Organe bewegt; Tränen, Schluchzer und Begeisterung tun dasselbe; das ist eine Art Massage, die mehr als vertraut ist, und zwar durch Überraschung. Die Sympathie geht also vom Äußeren zum Inneren wie die Eroberer. Und jeder Mann und noch mehr jede Frau wollen dieses Privileg wahren, nicht ohne Ankündigung erobert zu werden. Alle Regeln der Höflichkeit, die die Naiven so sehr erstaunen lassen, kommen daher; und die größte Unvorsichtigkeit der Jugend besteht darin, mit dem Gefallen ihr Spiel zu treiben, bevor sie die Erlaubnis erhalten hat. Wenn irgendeine verschlossene und verschanzte Natur sich so durch Ersteigen nehmen läßt, so seien Sie auf der Hut, denn Sie werden dann in ihren Augen nie etwas anderes sein als ein angenehmes Tier wie ein Affe oder Papagei, je nach Mode. Daher diese auf den ersten Blick seltsame Regel, daß man sich sogar hüten muß zu gefallen. Es gibt also eine Gefühllosigkeit des Herzens, die ein Bestandteil guter Erziehung ist.

Frauen müssen dieser Art Erziehung den höchsten Wert beimessen, weil sie viel riskieren. Aber da sie andererseits, was die Muskeln betrifft, weniger ausgerüstet sind, fallen sie leicht in das Extrem, das für sie am meisten zu fürchten ist; und die Prostitution zeigt, bis wohin sie geführt werden können, sobald sie sich damit abfinden, ohne Unterscheidung zu gefallen. Deshalb hat sich von Jahrhundert zu Jahrhundert die Liebe gegen die Sympathie gewappnet, wie die Minnehöfe zur Zeit der Ritter zeigen. In seinem scharfsinnigen Buch *Von der Liebe* zitiert Stendhal einige Beispiele dieser erstaunlichen Prüfungen, die im Hinblick auf ein zu sehr geliebtes Wesen darauf abzielten, eine gewisse Macht zu mißfallen auszuüben, um die Liebe von aller Vermischung mit der Sympathie zu reinigen. Ich erinnere mich auch an eine Heldin der Ritterromane, die sich das Gesicht mit einem spitzen Diamanten zerschneidet, um sicher zu sein, daß sie recht geliebt wird. Diese literarische Erfindung erhellt sehr gut gewisse Manöver der Koketterie, deren Sinn einem zuweilen entgeht. Das ist ein Wiederaufleben des Willens. Es ist natürlich, daß eine offensichtlich unwillkürliche Liebe immer etwas Verdächtiges und sogar Feindseliges hat. Das ist eine Art Krankheit; diese Art Liebe liebt man nicht; daher kann man ihr auch keine Huldigung darbringen. Im Grunde ist es immer der freie Wille, den man erobern möchte. Deshalb ist der Schwur die der wahren Liebe angemessene Sprache; und es wäre so etwas wie eine Beleidigung, den Schwur zurückzuweisen. Nichts ist freier als der Schwur; beachten Sie, daß es Zwang und Überraschung sind, die verhindern, daß man seinen Schwur hält. Die Gunst ist zweifellos in der Zustimmung völlig frei; daher sollte man nicht glauben, daß die Gunst von gleicher Natur ist wie die Sympathie; denn die Gunst geht gewiß von innen nach außen; und obgleich die Gefallsucht ihr sehr ähnelt, vor allem in der Jugend, erfaßt ein geübtes Auge sogleich den Unterschied. Und man möchte sogar sagen, daß in der Schönheit etwas Vulgäres liegt und im Grunde eine gewisse Schamlosigkeit. Daher das Gewand, die Mode und die Zeremonie, die uns von der Gemütsbewegung befreien.

1. Juli 1922

Die Wahl Descartes'

Die Wahl Descartes' muß man aufmerksam betrachten. Denn es geht nicht über unsere Kraft, in der Meise, der Ratte, dem Hund oder dem Ochsen ein tierhaftes Denken und sogar eine Seele zu vermuten, die von Bedürfnissen und Begierden beherrscht wird. Hat man diese Verwandtschaft einmal anerkannt, ist die ganze Natur mythologisch. Alle Tiere sind dann gefallene Geister, von denen man annehmen muß, daß sie zurückkehren können und daß sie wirklich zurückkehren, wenn auch auf langen Umwegen, und wieder streng zurückgeworfen werden durch die unmittelbare Notwendigkeit. So wollte Odysseus sterben, als er nur daran dachte, er könne den Rauch aus seinem heimatlichen Haus aufsteigen sehen; aber Hunger, Schlaf und Liebe hielten ihn in seiner Versklavung fest; und es bedurfte also eines Verzeihens der Götter, bevor Calypso ihn ziehen ließ. Schelling hat gewiß etwas Schönes gesagt, als er behauptete, die Natur sei gleichsam die Odysee des Geistes. Aber die Schwierigkeit liegt nicht darin, den Geist in allen seinen Gestalten zu verehren; das ist strenggenommen Götzendienst. Man darf nur den Menschen verehren; das ist der Sinn des cartesischen Dekrets, das den Tieren jegliches Denken abspricht. Dieses Dekret nenne ich Wahl, weil man zunächst nicht die Gründe sieht und weil es sich gegen eine sehr verbreitete Meinung wendet, die in Hund und Katze unseresgleichen sucht.

Auguste Comte gehört in denselben Zusammenhang, auch er ist rein abendländisch, aber auf einem Umweg und durch Unterwerfung unter die Notwendigkeit. Denn diese zarte und sehr wenig soldatische Natur hat viel über das Denken der Tiere nachgedacht und vor allem über das der guten Helfer wie Ochse und Hund, mit denen wir nach seiner Meinung eine Art Gemeinschaft bilden sollten. Aber andererseits erscheinen ihm die Notwendigkeit der Jagd und des Urbarmachens sowie die Herrschaft des Menschen als die erste Bedingung dieser fortwährenden Gemeinschaft, ohne die es überhaupt kein Denken gäbe. Nicht, daß solche Tiere, wenn sie die Erde beherrscht hätten, nicht auch eine Gesellschaft errichtet hätten und auch Traditionen und Bibliotheken; nichts spricht dagegen, daß der Mensch, wenn er auf ein isoliertes und schwieriges Leben wie das der Ratte und des Hasen beschränkt wäre, über mehr Denken verfügen würde als sie. Eine Art muß also triumphieren, und der Mensch findet die Wahl bereits getroffen. Nur die Menschheit verehren, das ist eine harte Notwendigkeit; aber man muß sie mannhaft annehmen. Meinesgleichen, das ist der Mensch; Heil ist nur vom Menschen zu erwarten. Nicht vom Tier kann man einen Fortschritt und einen besseren Zustand durch die Entwicklung des Geistes erwarten. Nur der Mensch macht Hoffnung, und diese Aufgabe ist schon ziemlich schwierig. Wenn man die Formen der Geschichte, die Kriege, die Hinrichtungen und die Götter prüft, erkennt man, daß der Geist von weit her gekommen ist, auf zahlreichen Umwegen, und oft in die Falle gegangen ist. Es ist also die Geschichte und nicht die Natur, die die Odyssee des Geistes ist. Und als derselbe Schelling alt geworden war, hat er es schließlich ausgesprochen und hat seinen Ehrgeiz gezügelt und dieser eitlen Mythologie, dieser Tochter des Orients, ein Ende gesetzt. Der Abendländer ist im Grunde atheistisch; das heißt, daß wir den pantheistischen Teil der Religion verlieren, welcher der tierhafte und der ergreifendste und allein Gegenstand des Glaubens ist. Es ist aber nicht das Tier, das Gott trägt. Indem er vom Orient zum Okzident wanderte, hat der alte Gott mehr und mehr menschliche Gestalt angenommen; und der Gang des Christentums selbst, das zunächst mystisch und dann politisch war, verwirklicht nur seinen zugrundeliegenden Mythus. Man mußte diese allumfassende Liebe einschränken, um ihr Kraft zu verleihen; man mußte die Rechte des Menschen durch eine Art römischen Dekrets der Diskussion entziehen. Alles Denken wird begrenzt durch Notwendigkeit, oder es verliert seine Form; so zertritt der Mensch unbekümmert die Ameise und die Ratte. Die Schwierigkeit für einen Menschen liegt darin, in diesem Krieg gut zu bleiben; und unsere Zivilisation bietet diesen doppelten Aspekte auf Schritt und Tritt. Was die Römer zum Ausdruck brachten, wenn sie sagten, der Prätor kümmere sich nicht um Kleinigkeiten. Und wenn ein Mensch in seinem Denken jemals Prätor war, dann war es Descartes.

2. September 1922

Das Unbewegliche

Die Kunst drückt die menschliche Kraft durch das Unbewegliche aus. Es gibt kein besseres Zeichen der Seelenstärke als das Unbewegliche, sobald man an ihm das Denken gewahr wird. Dagegen liegt in jeglicher Art von Erregung etwas Mehrdeutiges; wie bei einem galoppierenden Pferd; man weiß nicht zu sagen, ob es Ehrgeiz oder Schrecken ist, Angriff oder Flucht; und die Momentaufnahmen von Pferderennen haben mir ein verstörtes Tier gezeigt statt dieses kraftvollen, geschmeidigen und überlegenen Siegers, den ich zu sehen glaubte. Auch an dem Krieger im Kampf findet man die Zeichen des Schreckens und der Verzweiflung; und nicht einmal getrennt; vielmehr hat das, was man an diesen heftigen Vorgängen sieht, etwas von dem Außersichsein der Verrückten. Deshalb ist das wahre Zeichen der Kraft das Zeichen des Widerstandes und gleichsam der Sammlung. Der Held ist taub und stumm gegenüber dem fortwährenden Angriff der Dinge, er sichert nicht und fährt nicht auf wie ein Tier, sondern sieht und hört nur, was er will, so ist der Held. Sein Standbild war das erste Vorbild, denn es ändert sich nicht.

Man wundert sich über die Macht schöner Porträts; sie werden nämlich weder von Mücken noch von Sonnenstrahlen, weder von Bitten noch von Bewunderung geplagt. Nicht daß sie wenig ausdrückten; aber sie bringen etwas nach der Ordnung ihrer Natur zum Ausdruck, nicht nach den Angriffen von außen. Man könnte sagen, jedes Porträt sei ein Abbild von Majestät. Es ist eine große Schmeichelei, einen Menschen als unerschütterlich darzustellen. In Wirklichkeit wendet der König bei dem geringsten Geräusch seinen Kopf, nicht aber der Kopf eines Porträts. Ein Porträt ist übermenschlich; ein Porträt hat bereits religiöse Bedeutung. Man begreift, daß es schwierig ist, Handlungen zu malen. In der Tat ist das einzige Tun, das der Malerei angemessen ist, der Tanz, und man entdeckt bald in jedem Tanz eine Suche nach dem Unbeweglichen in der Bewegung, eben das ist das Gesetz des Tanzes. Tatsächlich sieht man keine Handlung, die etwas komplizierter ist. Selbst im Theater, auf dem die Handlung nach der Natur dargestellt wird, kann man keine lebhafte oder heftige Handlung malen, ohne daß sie uns verwirren würde. Daher muß man den Augenblick der Unbeweglichkeit wählen, der die Bewegungen am besten erklärt.

In der Musik, die sich in der Darstellung der Veränderung am weitesten vorwagt, zeigt sich das Gesetz noch strenger, das Wiederaufnahme und Rückkehr fordert. Musik ist immer nur eine lange Variation oder auch eine wiederholte Nachahmung ein und derselben Melodie. Durch Beständigkeit und Unbewegtheit in der Veränderung ist ein Ton allein bereits die ganze Musik. Wenn Geräusch, das nur Veränderung ist, in die Musik eindringt, bedarf es sogleich eines rhythmischen Gesetzes, und zwar um so einfacher und zwingender, je stärker das Geräusch wird. In einem Trommelwirbel stelle ich dieselbe Unbewegtheit fest wie in einem durchgehaltenen Ton; dieselbe Unbewegtheit und denselben Willen.

Was man von den Mimen der Antike erzählt und was kaum zu glauben ist, zeigt, daß sie die Menge durch Ruhe bewegten, nicht durch Bewegung. Und jeder, der einen kraftvollen Schauspieler beobachtet, selbst einen Komiker, wird feststellen, daß die Bewegung in seinem Spiel nur ein Übergang von einer Unbewegtheit zur anderen ist. Die Bühne duldet keinen Tumult, sondern eher, und besonders deutlich bei Massenszenen, eine Folge von Bildern, aus denen die Bewegung ganz getilgt wird durch die Kraft einer choreographischen Anordnung. Dafür liefert der Film den Beweis durchs Gegenteil, und zwar mühelos; denn ständige Bewegung ist das Gesetz seiner Hervorbringungen, nicht nur weil das Wort völlig fehlt; und man begreift, daß von Geburt stumm sein nicht schweigen heißt; sondern vor allem, weil der Schauspieler sich verpflichtet fühlt, sich ständig zu bewegen, als wolle er dieser mechanischen Erfindung huldigen.

10. Februar 1923

Der griechische Tempel

Die Pyramide ist das Zeichen des Todes. Ganz klar durch ihre Form, die die der Berge ist. Lassen Sie die Schwerkraft wirken, und der Steinhaufen wird sich pyramidenförmig ordnen. Diese Form ist also das Grab jeden Gebäudes; aber das Erschreckende ist, daß der Architekt absichtlich dem Tode gemäß gebaut hat, indem er dadurch die Dauer suchte, als ob das Leben nur eine kurze Unruhe sei; was auch diese aus den Felsen herausgehauenen Statuen darstellen; aber die Pyramide ist ein viel vollkommeneres Bild der ewigen Untätigkeit; so zeigt sie dem Betrachter die nicht wahrnehmbare und unauffindbare Mumie an. Diese Übereinstimmung von Idee und Bild rührt an alle Teile des Menschen zugleich und läßt sie mit dem ersten Blick in vollkommenem Einklang schwingen; man hat mir gesagt, die Pyramide gehöre zu dem Schönsten, was man sehen kann, und das glaube ich wohl.

Der griechische Tempel ist das Zeichen des Lebens. Alles ist gegen die Schwerkraft aufgeboten und errichtet. Durch ihre Proportionen und durch all ihre Teile gibt die Säule zu verstehen, daß sie trägt; und hier herrscht der rechte Winkel, der das Zeichen des Maurers ist; nichts rutscht und stürzt ein; die ganze Masse widersetzt sich der Verbindung mit der Erde durch diese abschüssigen Linien, die das Werk blinder Kräfte sind. Das kommt zum Ausdruck durch den fröhlichen Säulengang rings herum, der leer und luftig ist, ein Weg des Lebens. Sogar die Neigung des Daches, das so kühn angehoben und gestützt ist und mit seinen schneidenden Kanten in der Luft schwebt, ist gleichsam eine Weigerung zu dauern um den Preis der Unterwerfung; kraftvolles Gleichgewicht, tätiger Gedanke nach dem Maß des Menschen; denn das Ungeheure, das übermenschlich ist, ist darin nicht angestrebt. Sokrates und Platon lächelten beim Anblick dieses Hauses des Menschen, dieses Zeichens des Messenden, des Geometers, das aber vom Menschen getrennt ist und dem anderen Zeichen freies Spiel ließ, dem athletischen Gott, vollkommenes Bild eines Denkens, das mit dem Leben versöhnt ist. Auf den Höhen atmet der Tempel wie ein Mensch. Die Wege der Erde und die Wege des Meeres zeigen sich durch die Säulen hindurch als ausgeschnittene und bewegte Bilder; die Menge gerät in Bewegung in dieser frischen Luft und bei diesen Ausblicken; Gesetze tragen die Erfindung. Hier beginnen die feierlichen Festzüge zu denken; daher diese Vielfalt und diese Anmut der Friese, die noch im geringsten Faltenwurf spürbar sind. Alles singt glückliche Freiheit, Vergessen und Wiedergeburt. Alles ist frühlingshaft und abenteuerlich; alles ist heidnisch; dieses Wort hat nur einmal einen Sinn gehabt. Diese Schönheit spricht immer noch; und der leere Tempel läßt immer noch durch seine Säulen hindurch und auf seinen Stufen den Schrei des Athleten und das olympische Treiben vernehmen. Keineswegs von außen nach innen; denn dies ist nicht das rätselhafte Grab; sondern von innen nach außen; denn dies ist nicht das Grab des Geistes, vielmehr erwacht er in jedem Augenblick wieder und erhebt sich in die Lüfte, wie jene kühne

Athene, die immer wieder ihre Pferde vor den Wagen spannt und zur Peitsche greift. Zelle des spähenden Geistes, den vier Winden geöffnet; unnachgiebige und lächelnde Form. Einzigartiges Bild der Freiheit nach dem Gesetz.

20. März 1923

Das Rotkehlchen

Das Rotkehlchen ist der König des Herbstes; es trägt seine Farben: Bronze mit Goldstaub auf den Flügeln, und diesen Feuerfleck, der von der Brust aufsteigt bis hin zu den Wangen und das kluge Auge zur Hälfte einschließt. Nichts spricht stärker zum Auge als ein anderes Auge, dieses Organ, das sehen läßt, daß es sieht; daher so viele Mutmaßungen über den Blick, die oft falsch sind. Aber das Rotkehlchen zeigt noch andere Merkmale. Es nähert sich auf das Geräusch der Harke; es folgt dem Gärtner und unterhält ihn mit seinem trockenen Ruf, der dem Aneinanderstoßen von Kieseln oder dem Brechen von Zweigen ähnelt. Da sitzt es auf dem Knauf des Spatens oder auf der Gießkanne. Wenn es sich herabläßt, einige Brotkrumen zu picken, so geschieht das nicht gefräßig. Nicht als Dieb, sondern als Freund. Bald gesättigt, fliegt es wie der Blitz davon und singt auf irgendeinem dunklen Baumstamm das Lied des Herbstes, das wie eine Wiederholung aller Gesänge ist, aber piepsiger, hell und kalt wie die Wintersonne. Es singt aus der Erinnerung; es ist der Freund des Dichters.

Immer allein, es sei denn zur Brutzeit. In jedem Garten sieht man ein Rotkehlchen, und zwar nur eins. Als Kartäuser des Herbstes bestärkt es nach den Freuden des Sommers den Einsamen. Sein Gesang antwortet dem Gesang seinesgleichen, aber immer von fern, wie es Gedanken tun. So ist es auf natürliche Weise metaphorisch und Symbol des ermutigenden Geistes. Es gibt kein Willkommen, das dem seinen gleicht. Hoch auf seinen Stelzfüßen und mit herabhängenden Flügeln wie Frackschößen grüßt es wie ein Botschafter. Oft prüft es mit der Schneide seines Flügels die Luft, alles an ihm ist Leben und Kraft. Aber manchmal sitzt es auch aufgeplustert und fröstelnd in der Abendsonne und murmelt ganz leise vor sich hin; man hört es kaum; daß es singt, errät man an dem Zittern seiner Kehle, was zu friedlichen und unbestimmten Gedanken einläd, die man sich selber sagt. Einsamkeit und Friede, das ist so recht der Geist dieser Jahreszeit.

Aber warum allein? Man muß nur an seinem Platz bleiben, dann sieht man schließlich alles. Um diese Zeit kann man zwei oder drei Rotkehlchen am selben Ort antreffen. Oft setzt sich ein junges, das kaum mit seinem Rot geschmückt ist, auch auf die Gießkanne oder hüpft zur Schwelle der Haustür, um ein paar Krumen aufzupicken, zu grüßen, zu sprechen und schließlich Besitz zu ergreifen. Da schießt aus dem Wipfel der Eiche ein blutroter Pfeil hernieder. Die Federn fliegen. Der Usurpator erhält Schnabelhiebe auf Brust und Kopf. Der Kampf ist erbittert, wirbelnd und kurz. Der Besiegte wird aus seinem Revier vertrieben und kehrt selten zurück. Mein Auge fällt zufällig auf den Sieger. Gesträubte Federn in Büscheln, die Brust geschwollenen, der Feuerfleck von wirren Schatten geschwärzt, nicht wiederzuerkennen, häßlich.

Es gibt keine Schönheit ohne Kraft, ob es sich um eine Frau, einen Dichter oder einen Vogel handelt. Kraft ist schön im Ruhezustand. Aber wehe, wenn der Nächste, der Konkurrent, das andere Rotkehlchen kommt! Wie? Dieselbe Vergoldung? Derselbe Feuerfleck? Dieselben königlichen Zeichen? Mein eigenes Wesen von einem anderen gewaltsam angeeignet? Wie? Ein anderer Denker? Ein anderer Sänger? Ein anderer Gesetzgeber? Ein anderer Weiser? Ein anderer Mittelpunkt der Welt? Ein anderer Spiegel der Welt? Stellen Sie sich einen zweiten Herkules vor mit seiner Keule, mit dem Fell des Nemeischen Löwen. Da fliegen die Fetzen, und die Bäume erzittern bis in die Wurzeln. Jedes Wesen liebt und sucht seinesgleichen, so lautet der Gemeinplatz, der vielleicht einmal Wahrheit wird; aber der erste Augenblick ist schwierig. Hegel, der hier nüchtern und kraftvoll ist, markiert die Etappen eines Denkens, das zu sich selbst erwacht. Dankbarkeit, das ist der Augenblick, in dem der Mensch, der denkt, einen anderen Menschen entdeckt, der denkt. Dann, nach der Dankbarkeit, Kampf. Das läßt zunächst erstaunen und schockiert sogar; man kann darin eine Metaphysik des Krieges sehen, nach deutscher Art; aber man muß genauer hinschauen; es ist nur der erste Augenblick, in dem die Unterschiede noch nicht erfaßt werden. Dieser andere Herkules, der mit seinem Auftrag unterwegs ist, das bin ich selber. Usurpator. Welch angenehme Freundschaft daher durch die Unterschiede, die niemals fehlen. Doch dieser Zorn des anmutigsten der Vögel bringt unsere erste Regung zum Ausdruck. Wodurch ich jene Mythologie begreife, die so alt ist wie die Welt, wonach die Tiere das vergröberte Bild unserer Leidenschaften sein sollen. Krieg und Frieden zusammen in dem Körper dieses sanften Vogels. Das Denken fehlt in diesen kleinen

Köpfen, das Denken, das die Unterschiede sieht und das die Unterschiede hervorbringt. Glückliche Unterschiede, die Frieden stiften werden.

1. Oktober 1923

Der Anspruch des Menschen

Soweit man vermuten kann, haben Tiere keine Leidenschaften. Ein Tier beißt oder flieht je nach Gelegenheit; ich werde nicht sagen, daß es Zorn oder Angst kennt, denn nichts läßt vermuten, daß es dem einen oder dem anderen widerstehen will noch daß es sich durch das eine oder andere überwältigt fühlt. Aus demselben Grunde nehme ich an, daß es kein Bewußtsein hat. Bedenken Sie, daß das, was sich ohne Zögern, ohne Zweifel an sich selbst, ohne Tadel seiner selbst im Menschen vollzieht, ebenfalls ohne Bewußtsein ist. Bewußtsein setzt Einhalten, Skrupel, Spaltung seiner selbst oder Konflikt mit sich selbst voraus. Es kommt vor, daß der Mensch im panischen Schrecken davongetragen wird wie ein Ding. Ohne Zögern, ohne Überlegung, ohne irgendwelche Rücksicht. Er weiß dann nicht, was er tut. Aber beachten Sie diese gewohnheitsmäßigen Handlungen; solange sie auf keinen Widerstand stoßen, wissen wir ebenfalls nicht, was wir tun. Erwachen stellt sich immer mit dem Zweifel ein; es ist davon nicht zu trennen. Ebenso hat derjenige, der sich der Leidenschaft überläßt, gar keine Leidenschaft. Zorn, Begierde, Angst sind dann nichts als Bewegungen.

Wo liegt der Unterschied? Darin, daß durch den inneren Konflikt der Zorn zum Beispiel verdoppelt wird oder auch die Angst. Die Angst, der ich mich überlasse, ist nichts als Flucht; aber eine Angst, die ich nicht hinnehme, die ich beurteilen möchte, die in meinen

Augen ein Ärgernis ist, das ist die wahre Angst. Fast alles am Zorn ist Zorn darüber, daß ich zornig bin. Fast alles in der Angst ist Angst vor der Angst oder auch Beschämung durch die Angst. Hier beginnt das Drama der Leidenschaften, das reich an Überraschungen ist. Das Wesentliche des Leidens im Zorn, in der Angst oder in der Liebe entspringt diesem Kampf gegen sich selbst und einer Art Entrüstung über das, was man nicht zugelassen hat. Dieses Drama ist in gewisser Weise ganz nackt in der Ängstlichkeit da, wo alles Übel daher kommt, daß man bemerkt, daß man nicht tun kann, was man möchte, daraus entspringt eine bittere Demütigung und sogleich ein Zorn, die bewirken, daß man schließlich noch ungeschickter ist, als man fürchtete. Dieser innere Tumult und diese Angst vor sich selbst stecken in allen Leidenschaften.

Durch diese Bemerkungen gelangt man dahin, ungefähr zu begreifen, was eine verbreitete Meinung ist, daß nämlich die hochherzigen Naturen auch diejenigen sind, die die heftigsten Leidenschaften zeigen. Wer allem ohne weiteres zustimmt, wird kaum lieben. In einer stolzen und auf seine Freiheit bedachten Natur dagegen wird die geringste Beeinträchtigung der Liebe so etwas wie eine Beleidigung sein. Der wahre Liebende erkennt sich daran, daß er flieht; aber er trägt, wie der Dichter sagt, Kupidos Pfeil mit sich. Es ist ein bemitleidenswerter Zustand, wenn man sich bemüht, an jemanden nicht zu denken; denn das heißt immer noch an ihn denken, das heißt, sich den Gedanken einprägen, den zu haben man sich verbietet. Jeder Mensch ist also ungeschickt in diesem Spiel und demütigt und erregt sich selbst. Daher diese sehr seltsame Art zu lieben, die sich in der schlechten Laune zeigt. Der Anteil Haß, der in der erzwungenen Liebe immer verborgen liegt, bricht in der Rache hervor; und zweifellos rächt sich der Eifersüchtige weniger deshalb, weil er getäuscht, als vielmehr deswegen, weil er gezwungen wurde.

Kurz, der Mensch erhebt den Anspruch, sich zu lenken; er will wollen. Darum liebt er immer über das bloße Begehren hinaus. Daher dieser Einfall, ein Versprechen abzulegen und sich schließlich durch einen Schwur zu binden. Und je anstrengender diese Zwänge sind, die seinem eigenen Willen entspringen, desto weniger empfindet er die anderen. Auf diese Weise befreit man sich von der Angst durch den Mut. Daher sieht man, daß die Liebe immer romanhaft ist und in dieser Hinsicht sehr scharfsinnig, indem sie sich durch Tätigkeit vor dem Leiden zu retten sucht. Der Anteil Freiheit und dieses Nachdenken über die Prüfung, die selbst gewählt und treu durchgehalten wird, bewirken die Glut der Liebe.

5. April 1924

Der vollständige Mensch

Der Pedant zeigt uns einen wohlgebildeten Geist in einem ungelenken Körper. Das Tierhafte ist in ihm außer acht gelassen und rächt sich durch ein Mißverhältnis von Hülle und Inhalt, das man in dem geringsten Wort spürt. Der Athlet ist das genaue Gegenteil eines Pedanten, weil dem Körper alle mögliche Sorgfalt und Pflege zuteil geworden ist; und da alle Handlungen des Athleten richtig und schön sind, möchte man sagen, daß er gut denkt, wenn es nicht so wäre, daß sein Denken gleichsam ausgegossen ist in seinem Körper, statt im Wort versammelt zu sein. Das ist noch nicht der Mensch, das ist ein umgekehrter Pedant. Er ist nur äußere Form; er ist nur für die anderen, nicht für sich da. Man wünscht ihn sich als Statue.

Im vollständigen Menschen wünscht man sich die beiden im Einklang. Urteilsfähigkeit ist im Körper immer noch Urteilsfähigkeit, und solcher Art ist die Höflichkeit. Aber umgekehrt hängt das Urteil in der Rede auch vom Körper und seinen Zufällen ab. Man möchte gern, daß diese Natur, ob rothaarig oder schwarzhaarig, von großer oder kleiner Statur, noch in ihren Gedanken zu erkennen ist. Der Pedant hütet sich, seinem Körper gemäß zu denken, daher klammert er sich an die Grammatik.

Am vollständigen Menschen lieben wir dagegen diese Zufälligkeiten des Ausdrucks, die gleichsam unwillkürliche Gesten und Bewegungen zur Erhaltung des Gleichgewichts sind. Das ist die Anmut des Athleten, die aber ins Wort übergeht. Wie der Seiltänzer spielerisch sich im Gleichgewicht hält und in gewisser Weise zu sich findet, so findet sich die Rede des Menschen in einer gewagten Improvisation wieder und macht aus jedem Wort Gedanken. Der Geist jedes Wortes bringt Gedanken hervor. Man liebt sogar noch diesen mundartlichen Akzent, der ein Ornament bildet. Grandet stotterte und machte aus diesem Stottern eine List. Starke Natur; aber der Geist war in ihr zu sehr gefangen und eingeengt; dennoch sehe ich in ihr Poesie im Entstehen; und daher kommt es, daß die bäuerlichen Maximen oft so viel Gewicht haben. Häufig verfügen diese felsigen Naturen über einen glücklichen Ausdruck, wie Quellen. Und selbst der Gesang einer Amsel hat durch seine Natürlichkeit Wert. Es ist derselbe ganz physiologische Gesang, den der wahre Dichter befreit; und das führt hin bis zum Erhabenen, wenn dieser Vogelsang, dieses Geräusch des Lebens, das gar nicht gekünstelt ist, dennoch einen Gedanken hervorbringt, und zwar besser komponiert als unsere. Auch der Redner holt Gedanken aus seinem Körper. Das ist zunächst ein tierhaftes Grollen, ein Schrei, der nach den blindesten Leidenschaften moduliert ist, der aber glücklich in einen Gedanken mündet. Daher ein wunderbares Warten auf diesen Einklang von Gebrüll und Sinn, der die Periode ausmacht. Auch sind wir nicht wählerisch. Wir setzen uns über die Grammatik hinweg; denn es ist ja diese Inspiration, die die Grammatik geschaffen hat. Was den Sinn betrifft, so genügt es uns, daß er darin ist; ziemlich neu durch das Zusammenspiel von Körper und Geist; daher sagt man, daß es Gemeinplätze sind.

Auch in der Prosa, die viel länger bedacht, viel leichter korrigiert wird, muß der Körper sein. Der flache Stil ist der Stil des bloßen Geistes, der nur sagt, was er sagen will. Die Metapher ist schwach, wenn sie sich zu sehr anpaßt; zu ihr gehört das Abenteuer. Wie in einem Menschen, der läuft; denn er fällt immerfort und fängt sich wieder und springt von einem Fall zum anderen wieder auf. Daher besteht eine der verborgensten Regeln der Kunst des Schreibens darin, nicht zuviel zu streichen, sondern den natürlichen Satzrhythmus, die Überraschungen und glücklichen Funde zu retten; also immer fortzusetzen, was der Körper vorschlägt, wobei der Geist folgt und die Natur rettet. Glücklich, wer sich diese Sorglosigkeit und diese unverbesserliche Anmut bewahrt. »Man muß alt geworden sein in diesem Handwerk«, sagte Goethe, »um sich auf Streichungen zu verstehen.« Indem ich dieser kostbaren, aber geheimnisvollen Idee folge, möchte ich dem Anfänger sagen: »Korrigiere nur, um zu bewahren.«

18. April 1924

Der Vergleich als Stütze der Gedanken

Zweck des Vergleichs ist nicht zu erklären, sondern eher zu regeln. Man vergleicht nicht Sache mit Sache noch Gedanken mit Gedanken, sondern Sache mit Gedanken oder Gedanken mit Sache. Zwei Glieder also, von denen das eine der Erregung nachgibt, das andere ihr widersteht. Jedes Denken neigt durch die freie Bewegung, durch die es entsteht, zum Willkürlichen und Verkrampften, was man sehr gut aus dem Erzählen der Kinder ersieht; aber in jedem Alter weicht die freie Meinung von der Ordnung ab, und zwar unmittelbar, sogar heftig; ich sehe etwas Ratloses in diesen Ansprüchen, weil sie vergebens einen Gegenstand suchen. Abschweifung ist das Gesetz der Gedanken als solcher.

Ich bin mit Gewinn dem Weg des Geometers gefolgt, ohne zunächst zu begreifen, daß diese Sicherheit des Denkens der Unnachgiebigkeit der Figuren zu verdanken ist, die den Geist immer wieder zur Sache zurückführen. Nicht als ob ich glaubte, daß die Figur von sich aus den Beweis lieferte; sie bindet vielmehr das, was zur Abschweifung neigt. Nun, auch der Dichter ist auf der Suche nach Figuren; mit dem Unterschied, daß die Figuren des Dichters lediglich in der sprachlichen Beschreibung gegeben sind; davon ausgehend läßt er sich dazu verleiten, ihnen den Widerstand und die Festigkeit eines Dinges zu geben, das nichts als Ding ist. Zum Beispiel ist die Zeder des Libanon bei Bossuet ein Ding, das standhält, sogar in einer Rede; daher sehe ich, daß er sich darin gefällt, ihr von den

Wurzeln bis in die Spitzen der Zweige zu folgen und bis zu den Vogelnestern.

Zwischen Vergleich und Beschreibung besteht kein grundlegender Unterschied; beide holen die Außenwelt in den Ausdruck; denn stets muß äußere Notwendigkeit unsere Gedanken stützen. Wer sagt, daß die Erfahrung der höchste Richter unserer Gedanken ist, sagt nicht genug, sagt es vielleicht nicht ganz so, wie es sein müßte. Die Figuren des Geometers bestätigen seine Gedanken nicht durch ein Maß, das über alles entscheiden würde; sie leisten mehr und weniger; sie stützen die Gedanken in ihrem ganzen Verlauf. Wie man das Licht nicht sehen würde ohne ein Objekt, das es anhält; dieser Vergleich ist ebenso alt wie die Geometrie, und ich wüßte keinen besseren. So muß auch die Träumerei des Dichters durch ein Objekt diszipliniert werden; nicht so sehr durch ein ähnliches als vielmehr durch eins, das Widerstand leistet. Wenn Sie in der Bibel oder bei Homer irgendeinen berühmten Vergleich betrachten, werden Sie feststellen, daß der Dichter eher den Teil entwickelt, der Widerstand leistet, als den, der ähnlich ist. Wenn in einem bewegten Augenblick der *Ilias* der Holzfäller des Gebirges erscheint, der sein Mahl zubereitet, besteht fast keine Ähnlichkeit zwischen der Schlacht und der Arbeit des Holzfällers. Der Kontrast zwischen der Arbeit des Menschen und der Zerstörung des Menschen durch den Menschen ist darum nicht minder bewundernswert. Daher gibt es nichts Platteres, als wenn man eine Sache durch eine andere erklären will, die ihr nur ähnelt; es muß vielmehr eine der beiden unbeständig, die andere hingegen gebunden und in die äußere Notwendigkeit eingelassen sein. Auf diese Weise waren die Denkmäler die ersten Stützen der Gedanken und sind noch heute die besten; doch auch das Gesetz der Denkmäler besteht darin, uns zum Sehen zu zwingen, und sie unterwerfen so der äußeren Ordnung sogar diejenigen unserer Gedanken, die sich ihrer Natur nach ihr entziehen möchten. So sind die Vergleiche des Dichters gleichsam die Pyramiden und Sphinxe in seinem Text.

1. Mai 1924

Die neue Lyra

Wenn jemand versucht, ein Gedicht Shelleys ins Französische zu übersetzen, wird er zunächst eine Gliederung vornehmen nach der Gewohnheit unserer Dichter, die fast alle ein wenig zu sehr Redner sind. Indem er sich also nach den Regeln des öffentlichen Vortrags richtet, wird er seine »der« und »das« einsetzen, schließlich die Schranken der Syntax, die Halt verleihen und die, wenn ich so sagen darf, verhindern, daß die wesentlichen Worte einander beißen. Ich verachte diese Art des Gliederns keineswegs, ich liebe sie sogar; es entspringt daraus eine Vernunftfreundschaft. Aber schließlich ist das nicht mehr die englische Sprachkunst, etwas so gedrängt, geballt, glänzend, kostbar und sehr rätselhaft zu sagen.

Ich bin der Ansicht, daß man einen englischen, lateinischen, griechischen Dichter immer genau Wort für Wort übersetzen kann, ohne etwas hinzuzufügen, und, indem man sogar die Wortfolge beibehält, schließlich Metrum und Reim findet. Ich habe den Versuch selten so weit getrieben; dazu braucht man Zeit, sogar Monate, und eine seltene Geduld. Man gelangt zunächst zu einer Art barbarischem Mosaik; die Bruchstücke sind schlecht verbunden; der Kitt hält sie zusammen, aber stimmt sie nicht aufeinander ab. Es bleiben Kraft, Glanz, ja Gewaltsamkeit, zweifellos mehr als nötig wäre. Das ist englischer als das Englische, griechischer als das Griechische, lateinischer als das Lateinische. Als ich nun diese Maurermethode auf Shelley anwendete ohne weiteres Lexikon als zwei Freunde, die sehr gut Englisch können, gelangte ich zu einem Mallarmé im Entwurf und grob behauen. Solche Werkstatterfahrungen belehren uns besser als all die Literaturgeschichten, die das Werk von Sammlern und nicht von Arbeitern sind.

Man weiß, daß Mallarmé von Beruf Englischlehrer war. Seine Tätigkeit bestand darin, Dichter zu übersetzen, die man nicht übersetzen kann. Ich kann mir vorstellen, wie er übersetzen lernte, indem er die Zähne aufeinanderbiß; so gelangte er dahin, daß ihm das Französische mit einem neuen Gesicht erschien, wobei die ganze Syntax eingeebnet und die Wörter direkt verbunden wurden. Der Meißel bestimmt den Entwurf. Auf diese Weise ergibt sich eine neue Logik, und ich halte ihre Fäden in der Hand. Es werden Gehalte nebeneinandergestellt wie kostbare Steine, die nur durch die Kraft des Metalls verbunden werden. Reine Existenzbeziehungen, wie die Natur sie zeigt, ohne jedes Wie und Warum. Spiel mit Substantiven und Verben. Setzen Sie den Geist an diese Arbeit; er wird alles neu denken. Er wird alles neu sehen.

Wir sehen die Dinge fast immer nach der Logik des Gerichtssaales. Bei Victor Hugo plädieren sie für das Ja und Nein; die Natur behauptet sich durch Gründe. Der andere Dichter dagegen wird zur unmittelbaren Beziehung zurückgeführt; er kürzt seine Vergleiche nicht mehr zu Metaphern ab; vielmehr muß die Metapher in sich selbst Idee sein. Begreifen Sie, daß es darum geht, durch bloße und zufällige Nebeneinanderstellung etwas auszudrücken, das wahr ist. Nun gibt es aber nur die Natur der Dinge, die durch bloßes Dasein Wahrheit ist. Daher kommt es, daß dieses wesentliche Spiel die Welt sucht und sich darauf beschränkt. Das Objekt wird direkt gedacht. Derartige Beziehungen ohne Zwischenglieder, ohne überredende Vorbereitungen, sind die abruptesten, die abstraktesten, die verborgensten von allen. Es sind auch die ältesten; die Bibel ist jung daneben. So mußte dieses Gedicht des Englischlehrers kosmisch oder überhaupt nicht sein. Das soll den Dichter nicht herabsetzen. Es sind die kleinen Zufälle, die ihn abhängig machen; die äußeren Ursachen erklären nur den mittelmäßigen; die wahre Ursache, auch wenn sie nur gering ist, erklärt den großen. Folgen Sie ihm bis in Detail, Sie, die Sie diese neue Lyra nicht fürchten. Der ganze Valéry wird Ihnen zweifellos aufgehen bis hin zum *Eupalinos*, denn auch Gedanken brauchen ihre Handwerkskunst. Als wunderbare Bestätigung, die ich aber hätte voraussehen müssen, sagte mir gestern jemand, daß die Engländer Mallarmé ohne jede Schwierigkeit übersetzen. Ich warte noch darauf, daß man mir dasselbe von Valéry sagt, aber nicht genau dasselbe; denn die Form bildet eine zweite Materie; übrigens erscheint in dieser schwierigen Kunst, die Natur zu sein scheint wie die Kristalle, das unverwechselbare Gesicht des Künstlers mehr als in jeder anderen.

15. Juni 1924

Christophorus

Ich sehe, daß man den heiligen Thomas von Aquin feiert. Das ist durchaus recht, und ich habe große Achtung vor der berühmten *Summe*, in der ich zuweilen mit Vergnügen auf Aristoteles gestoßen bin, vor dem ich auch meine Kappe ziehe. Jetzt muß ich sagen, worin diese Theologie mir fehlerhaft erscheint. Bruder Thomas hat die Idee vertreten, daß das mächtigste der Wesen mit Gewißheit existiert. Das ist eine Sache der Definitionen, und Sie werden das Argument erraten. Dennoch möchte ich, statt es mit dem Beweis zu übertreiben, diese ungeheuere Existenz als maßlose Macht ansehen. Aber ihr Achtung entgegenbringen, warum? Da liegt der schwierige Übergang. Man müßte mir beweisen oder ganz einfach zeigen, daß – nach der Vernunft und der Erfahrung – Weisheit, Gerechtigkeit und Güte sich auf derselben Seite befinden wie die Macht. Descartes, der wollte, daß das Vollkommene existiert, hütete sich, die Unendlichkeit der Macht mit der Unendlichkeit des Geistes zu verwechseln. Und genau in diesem Punkt hat er sich geweigert, Thomist zu sein. Ich werde auf meinen kleinen Wegen auf dasselbe Ziel zugehen. Ein Stein ist stark genug, mich zu töten, aber für meine Hochachtung ist der größte Stein der Welt gleichsam nichts. Noch vorsichtiger und indem ich auf die menschlichen Mächte schaue, bemerke ich, warum der Geist sich aus ihnen zurückzieht und warum der Sieger immer Gefahr läuft, als Dummkopf dazustehen. Noch näher bei mir selbst sehe ich, daß das

Geld, diese Macht, vom Wissen und sogar vom Beobachten ablenkt durch die Leichtigkeit, etwas zu unternehmen. Ich sehe, daß sogar in den Wissenschaften Macht vom Wissen ablenkt; der Flieger fliegt und macht sich nicht die Mühe zu begreifen, wie das möglich ist. Kurz, die Macht ist ein Attribut, das ich nicht mit der Weisheit in Verbindung bringen kann; wie sollte ich sie mit Gerechtigkeit und Güte verbinden? Und wie sollte ich, so vorbereitet, es wagen, sie auch nur abstrakt zu verbinden? Das heißt, den Stock verehren. Nein, Gott ist kein Machthaber.

Ich weiß, weil ich es empfunden habe, daß man manchmal geneigt ist, den Stock zu verehren. Demjenigen, der seine Macht in jedem Augenblick spüren läßt, weiß man schließlich Dank für alles Übel, das er nicht tut. Die Lobrede aus seinem Munde kann sogar mehr gefallen als angebracht. Da ich in einer glücklichen Zeit geboren bin, muß ich auch sagen, daß ich strenggenommen keinen Tyrannen gekannt habe. Dennoch haben ein paar Kriegsjahre genügt, um mir eine Vorstellung von einem verehrenden Sklaven zu machen, das heißt von einem, der reflexartig Freude und Leid seines Herrn teilte, was die Vollendung des Gehorsams ist. Ich spreche nicht von der Theologie des Herrn, in der ganz natürlich sich Macht und Vollkommenheit verbunden fanden; aber auch der Sklave konnte nicht Macht von Weisheit trennen, nicht einmal von Güte; und dieses demütige Gefühl durchfährt uns immer noch wie ein Blitz, wenn wir so weit heruntergekommen sind, daß wir wünschen, der Herr möge zufrieden sein. Mir scheint, ich sehe jetzt den Ursprung jener antiken Idee, daß Macht verehrungswürdig ist. Die Trompeten haben das bis zur Betäubung geblasen. Genug jetzt damit. Diese Macht möchte ich Gewalt nennen, und ich hoffe, daß ich, wenn ich ihr begegne, meinen Hut immer tief in die Stirn drücke, wie es Beethoven tat.

Die Legende vom heiligen Christophorus belehrt mich eines Besseren. Denn dieser Riese, der, wie er fand, zum Dienen geboren war, dieser riesige Christusträger ging von einem Herrn zum anderen und suchte den mächtigsten Herren als den einzig passenden für den mächtigsten Diener. Nun, was fand er? Wann sah er seinen Knotenstock blühen? Als er ein schwaches Kind auf seinen Schultern trug. Eine schwere Last, das ist wahr; aber eine andere Art von Gewicht. Eine Macht, die alles abwägt. Geist oder wie immer man sie nennen mag, die sich von der Macht nicht verblüffen läßt; die nicht das Doppelte des Doppelten bewundert. Die auf andere Werte achtet. Die nicht fragt, was stärker ist, sondern was recht hat. Die den Gehorsam beiseite läßt und ihn nicht mit der Achtung verwechselt. Was das Gotteskind und der hingerichtete Gott seit neunzehn Jahrhunderten symbolisieren. Ich gebe zu, daß diese ungeheure Idee theologisch schwierig zu denken ist; und das ist um so schlimmer für die Theologie.

15. September 1924

Künstler und Handwerk

Der Architekt gehorcht dem Maurer, und das ist gut so. Dagegen gehorcht der Stukkateur dem Architekten. Mit Hilfe von ein wenig Holz und Metall nimmt der Gips jede Form an; der Architekt macht nahezu alles, was er will; die Idee nimmt Gestalt an. Schauen Sie sich nun die angeblichen Ornamente an, mit denen man die Alexanderbrücke überladen hat, und zwar, um die dekorativen Künste zu feiern. Woraus man nicht schließen sollte, daß es denjenigen, die diese miserablen Kurven gefunden haben, die häßlichsten, die man hat erfinden können, möchte man fast sagen, völlig an Geschmack fehlte; ich glaube eher, daß sie ihrem Ehrgeiz auf den Leim gegangen sind. Machen Sie den weisesten Menschen zum Tyrannen, sofort schnappt er über. Wenn die Taube, sagt Kant, die leichte Luft teilt, mag sie wohl glauben, daß sie im luftleeren Raum noch besser flöge.

Hören Sie sich eine Messe Bachs an. Tönende Architektur, so hat man immer wieder gesagt, und ich habe diese Metapher lange verworfen. Töne steigen nicht auf und fallen nicht nach Art der Steine; auch kann man sie auf jegliche Weise kombinieren; aber dadurch lauert auch hier der Gips auf uns, so daß man zur Maurerarbeit zurückkehrt. Bach ist Arbeiter. Ob das Werk erhaben oder mittelmäßig ist, immer zeigt sich an ihm das Handwerk. Das Thema kehrt wieder, die Ornamente kehren wieder, die Einfälle entwickeln sich gemäß dem zu Beginn angezeigten Plan. Wie eine Treppe;

sobald man sie begonnen hat, hat sie zwischen Fußboden und Treppenabsatz keine Wahl mehr; vielleicht wird es eine schöne Treppe, nur muß es zunächst eine Treppe sein. So ist Bach, wenn er einen zweistimmigen Satz für Kinder schreibt, immer noch derselbe nach Regel und Maß, daher eine erstaunliche Gediegenheit, von der man nicht sagen möchte, daß sie immer schön ist. Man möchte auch wohl sagen, daß ein Aquädukt aus Stein nicht immer schön ist. Es ist so etwas wie ein Ärgernis, daß der Handwerker, der nur Handwerker ist, dem Schönen immer näher steht als der Künstler, der nur Künstler ist. Gleichwohl muß man sich damit abfinden. Und jedesmal, wenn man sich über ein Verfahren lustig macht, weil es nur Handwerksarbeit ist, stellt man fest, daß es sich um ein Scheinverfahren handelt, das ebensowenig Sinn hat wie Säulen, die nichts tragen, oder Gewölbe, die zum bloßen Vergnügen gebaut sind. Ebenso gibt es in der musikalischen Komposition, sobald sie wirklich Komposition ist, keinen einzigen Ton zum bloßen Vergnügen, sondern jeder Ton trägt etwas. Eine Fuge ist sinnvoll, weil sie versammelt; und eine Fuge ohne Anteilnahme ist eine Fuge, die nicht versammelt.

Damit die Töne zusammen sind, genügt es nicht, sie zusammenzustellen. Lauschen Sie dem Stimmengewirr der Börse; das ist das Gegenteil von Musik. Das sind lauter Einzelsignale. Die Menge kommt keineswegs durch diesen Tumult zum Ausdruck, von dieser Art jedoch ist das Material der Musik; und ich glaube sogar, daß das musikalische Ohr darin gleichsam Momente oder Splitter einer großen Messe hören würde.

Aber das Konzert bricht sogleich wieder ab. Es ist darin nämlich ständig eine versteckte Kraft tätig, die man diabolisch nennt, die die Meinungen entstellt und die Menschen entzweit. Dagegen genügt es, daß ein mächtiger Tonschöpfer die Stimmen einer Menge in ein unzertrennbares Gewebe zusammenfaßt, damit die Menge alsbald ein einziges Wesen, ein einziges Herz, ein einziger Gedanke wird. Und das ist immer Messe, denn das ist Kirche, und Gott ist anwesend. Suchen Sie nicht herauszufinden, woran der Tonschöpfer gedacht hat; er hat nur daran gedacht, die Töne gemäß seinem Handwerk zu verbinden. Aber nur, wenn das tönende Bauwerk zusammengefügt, unteilbar und geräumig genug ist, wird aus ihm ein gefestigter, kraftvoller, entschiedener, schlichter und komponierter Gedanke hervorgehen, und schließlich ein Reichtum, mit dem keiner hat rechnen können. Dadurch wird die diabolische Zwietracht getilgt, ohne daß der Vielfalt und den Unterschieden Abbruch getan würde. Man hat schon immer die Weltkirche gesucht. Wer denkt, sucht sie und bringt sie hervor; aber sie entsteht und zerfällt wieder. Hier ist sie ganz, in dieser einigenden Kraft, die, durch das Gesetz der Musik, nur stark sein kann, wenn sie gerecht ist. Daher sagt man, daß sie richtig singen, und jeder versteht, was das heißt.

15. April 1925

Übertragung

Wenn ich Zeuge eines seltenen und erregenden Ereignisses werde, bestehen immer zwei Dinge zusammen, einerseits das Objekt, um das ich herumgehen kann, das standhält und das meinen Untersuchungen als Stütze dient, anderseits die Gemütsbewegung, die von mir stammt und die zum Teil aus rein physiologischen Bewegungen, zum Teil aus Gesetzen besteht, mit denen ich das Objekt nachahme oder schildere; das sind Handlungsansätze, aber verhalten wie diejenigen, die ich so lebhaft im Schwindelgefühl verspüre. Das Ereignis vergeht und kommt nie wieder. Nie werden Sie diese solide Existenz wiederfinden. Vergeblich werden Sie sie mit Worten beschrieben haben; stets wird das Objekt fehlen; es wird nur ein unbeständiger Schatten sein. Kurz, es steht nicht in unserer Macht, ein abwesendes Objekt zu beschwören. Bitten Sie den, der behauptet, er könne das Pantheon auf der Bühne seines Gedächtnisses erscheinen lassen, die Säulen zu zählen oder ein Kapitell zu beschreiben; Vorgänge, die sehr leicht zu bewerkstelligen sind, wenn das Pantheon vor uns steht, unmögliche Vorgänge, sobald man sich das Objekt lediglich vorstellt. Wie Eurydike vergeht das Bild vor der Aufmerksamkeit. Noch weniger gelingt es der Beschreibung, dem Leser eine Szene vor Augen zu führen, die er nicht gesehen hat. Gehen Sie also nicht durch die Sache auf die Gemütsbewegung zu.

Im Gegenteil auf die Sache zu durch die Gemütsbewegung. Die Gemütsbewegung kann sich übertragen.

Dem Tanz gelingt das durch Bewegungen, die Musik fügt ihm noch geheimere Bewegungen hinzu, und es bleibt noch viel vom Tanz und von der Musik sowohl in der Poesie als auch in der Rhetorik. Der Prosa stehen weniger Mittel zur Verfügung; aber es ist in ihr nicht weniger wahr, daß beschwören etwas anderes ist als erzählen. Man muß zunächst die Gemütsbewegung wiederfinden, wenn man das Objekt wiederfinden will.

Hier liegt zweifellos der verborgene Grund dessen, was ich Übertragung nennen möchte, die darauf abzielt, die bloße Tatsache abzuweisen. Es gibt eine Tyrannei des wirklichen Ereignisses, die darin besteht, daß Sie immer wieder darauf zurückkommen zu erzählen, wie es war. Das ist die Tätigkeit des Historikers, die gleichsam historische Flecken im Erzählfluß des Romans bildet. Deshalb erscheint mir die Methode, etwas genau zu notieren, als die schlechteste von allen. Ich möchte vielmehr sagen, daß der Künstler die Erinnerung überwinden muß, und zwar so, daß er sie ebenso erfindet wie alles übrige; schließlich scheint mir, daß in einem Roman alles Fiktion sein muß, selbst das Wahre. Ich meine damit nicht, daß die momentane Wahrnehmung fehlen sollte; ganz im Gegenteil müssen die gegenwärtigen und vertrauten Objekte sich mit dem Erzählen vermischen, ihm diese richtige Gemütsbewegung mitteilen, die dem Ganzen Realität verleiht. Daher die Metapher, aus der man ersieht, daß eins durch ein anderes lebt; und die Übertragung ist zweifellos nur eine Metapher; übrigens ist es dasselbe Wort.

Sehen Sie, wie Proust auf das Objekt zugeht.

Schauen Sie sich seine Wassermetaphern näher an; man möchte sagen, daß er das Objekt nur erscheinen lassen kann, wenn er es verformt; gesehen durch andere Objekte ist das Objekt wirklicher als in seiner nackten Wahrheit. Auf dieselbe Weise schiebt sich unter einen Namen ein anderes Gesicht. Und es kann sein, daß die Bewegung der Inspiration jene Kühnheit ist, die während der Ausführung austauscht, um, wenn man so sagen kann, von der Gemütsbewegung zu profitieren, ohne viel Rücksicht auf die Objekte zu nehmen. So komponiert der Romancier, indem er stets in die Zukunft schaut und sich nach dem richtet, was noch nicht ist. Wohingegen derjenige, der die Tatsache wiedergeben will, in gewisser Weise gegen den Strich lebt, da er verlassene Regionen erforscht. »Das war so«, sagt der Erzähler, »als ich es gesehen habe.« Das war, und das ist nicht mehr. Diese Methode des Schreibens verwendet das Imperfekt. Diese Zeitform des Verbs scheint hohl zu klingen. Sie ist das Kennzeichen der realistischen Schule.

Oktober 1925

Weihnachten

Es ist Weihnachten. Der Winter der Dinge beginnt, aber der Winter des Herzens ist zu Ende. Diese Lichter um Mitternacht und diese Weihnachtslieder, all das bedeutet die Morgenröte der Hoffnung, die die schönste ist. Diese Verheißungen der winterlichen Sonne, die jetzt von Tag zu Tag kalt, aber leuchtend, höher steigt, scheint den Tieren Freude zu bereiten. Wenn Sie die Vögel beobachten, was eine der heiligen Aufgaben ist, seit es Menschen gibt, werden Sie feststellen, daß der Nestbau und die Zeit der Liebe früher beginnt, als man glaubt. Es ist nichts Geringes, wenn der nächste Tag ständig schöner ist als der vorangegangene. Nun, es kann zwar noch Schnee fallen, und das Geräusch der Wagen kann uns am Morgen darauf aufmerksam machen, daß die Erde gefroren ist; das hindert aber nicht, daß Tag für Tag die Sonne, diese Mutter allen Lebens, länger über dem Horizont verweilt. Die Tiere denken nicht darüber nach; und weil sie nicht weiter darüber nachdenken, möchte ich sogar annehmen, daß sie überhaupt nicht denken, denn Denken ist etwas Ganzes und Großes oder gar nichts. Immerhin ist es insbesondere für die Vögel so, daß der Teil der Zeit, in der sie fliegen oder sich ernähren, von Tag zu Tag länger wird; das bedeutet mehr Leben und mehr Bewegung. Beobachten Sie den Zickzackflug des Buchfinken, wie er immer lebhafter wird; dieser lebhaftere Flug ist buchstäblich ein Reflex der höhersteigenden Sonne. Denn was ist ein lebhafter Buchfink, wenn nicht nährendes Korn, und nährendes Korn ist Sonne. Aber sich suchen und hintereinander herjagen ist ebenfalls Sonne. Wie die Tage zunehmen, wird auch der Gesang des Buchfinken länger; der Gesang ist nur freie Kraft und gleichsam der Widerhall dieser kraftvollen Muskeln, dieses mächtigen Atmens, die der Flug erfordert. Fliegen, Singen, das sind Wirkungen der Sonne. Diejenigen, die den Instinkt bewundern, täten besser daran, zu bewundern, wie alle Dinge zusammenhängen.

Auch der Gesang des Menschen ist Sohn der Sonne. Und zweifellos waren die Feste der alten Zeit Regungen der Fröhlichkeit, Folge der Wärme und der Nahrung, wie man sieht, wenn die Mücken in der Sonne tanzen. Die Natur trägt den Geist. Aber hier, zu Weihnachten, das genau das Fest des wiedererstehenden Menschen ist, ist es der Geist, der vorangeht. Es ist der Geist, der all diese Sonnen, Kerzen und Laternen vorwegnehmend anzündet. Denn zur Weihnachtszeit kann man den Frühling wohl voraussehen, man kann ihn aber noch nicht spüren. Es bedarf langer Annalen und zusammengetragener Beobachtungen, um zwei oder drei Tage nach der Sonnenwende zu wissen, daß ein neuer Jahreslauf beginnt, der wie ein Tag und wie ein Leben ist. Darum klingt diese Poesie der Weihnachtslieder richtiger als der Gesang des Vogels. Der Gesang des Vogels ist kaum ein Zeichen; er ist eine Wirkung. Er steht im Einklang mit dem Erwachen aller Dinge, und das ist nicht wenig. Das Weihnachtslied ist schwach und steht allein in einer noch schlafenden und trauernden Natur; andererseits nimmt es seine Kraft aus dem Eingedenken und, indem es die Wege der Erinnerung nachzeichnet, die die Mutter der Musen ist, ahmt es sich selbst nach und wiederholt sich nach einer unabänderlichen Regel, die man im Gesang des Vogels nicht findet. Der Gesang des Vogels ist wie das Gemurmel der Quellen und wie das Sausen des Windes; es sagt nur das, was ist. Der Gesang des Menschen will sagen, was war und was sein wird, was wieder beginnt, was sich ähneln will. Es liegt Aufmerksamkeit in diesen Strophen, die sich wiederholen, und auch Erwartung. Dieser vollkommene Takt, diese regelmäßigen Modulationen, diese gewissenhaften Wiederholungen sind der unerschütterliche Glaube, und das ist die eigentliche Religion. Nicht die Freude, diese Tochter des Körpers, sondern die Hoffnung, die ganz Tochter des Geistes ist. Lauschen Sie diesem einsamen Gesang, dem nichts antwortet. Das ist das Fest des Geistes.

Dezember 1926

Gesang und Schrei

Alles, was schiefgeht, geht von selbst schief. Ein Rechenfehler schleicht sich von selbst ein. Eine Panik bricht von selbst aus. Ein Schiffbruch ereignet sich ohne unser Zutun. Um zu fallen, bedarf es keiner Aufmerksamkeit; das besorgt die Natur schon allein. Es ist nicht schwierig, dumm oder ungeschickt zu sein. Es ist nicht schwierig, ungerecht zu sein. Annehmen, daß man nichts dazu kann und daß alles von selbst geht, wie wenn ein Mensch stolpert und fällt, ist ebenfalls nicht schwierig. Das sind müde Reden. Wogegen, wie ich sehe, der Dichter ankämpft; denn er setzt seine Worte so, daß sie stehen; und, besser noch, er reguliert sie im voraus. Bevor er weiß, was er sagen wird, hat er geschworen, es in einem bestimmten Versmaß zu sagen. Danach mag er ruhig singen, daß alles zusammenbricht; ich glaube ihm nicht; dieses strenge Gesetz seiner Rede gibt mir genau das Gegenteil zu verstehen.

Musik verwandelt uns vielleicht noch besser. Noch gründlicher; denn der Schrei steht unterhalb des Wortes; das ist rein tierhaft; und auf dieser Ebene ergreift uns die Musik und will uns zu verstehen geben, daß wir, noch bevor wir gut denken, ja noch bevor wir das Wort gut lenken, Stöhnen und Gezeter lenken müssen, die unsere ersten und vielleicht einzigen Fehler sind. Wenn du denken willst, beginne damit, nicht zu schreien. Ein Schrei ist etwas, das abstürzt, etwas, das altert. Der Ton dagegen ist ein Wunder an Beständigkeit; der Ton ist ein Schrei, der sich selbst gleichbleibt;

der Ton nimmt als Gesetz an, das zu sein, was er ist, zu bleiben, was er ist. Durch diese schöne Arbeit, sich selbst zuzuhören, reinigt sich der Mensch vom Zufall; er beginnt sich von neuem, und zwar so, daß er sich behaupten kann. So ist zweifellos unser erster Gedanke und die erste Form des Wahren. Aber die gewöhnliche Sprache dringt noch weiter vor, wenn sie sagt, daß ein guter Sänger richtig singt. Ich kann, was ich will, das ist das Thema jeglichen Gesangs. Wer an nichts glaubt, kann nicht singen.

Jeder Gesang drückt also den Glauben an den Menschen aus und geht mit gutem Beispiel voran, was weiter führt als Worte. Das heißt, die Freiheit durch das Werk beweisen, besser noch, durch die Tat. Die Musik ist darin mächtiger als die anderen Künste, daß sie freier Menschen bedarf; wie sie entstanden ist, so muß sie wieder gemacht und ganz mit Muskelkraft hervorgebracht werden. Sie deutet an, daß Tugend nur für den jeweiligen Augenblick gilt und daß sich von ihr keine Vorräte anhäufen lassen.

Doch hier erhält sie von den Dingen eine seltsame Hilfe. Es kommt vor, wie man nur zu gut weiß, daß der Schrei die Musik entstellt. Es ist ein strenges Gesetz, daß Freiheit sich verliert, wenn sie sich nicht auf die Welt stützt. Der Gesang hat eine Art, ins Tremolieren, ins ständige Verschleifen eines Tones in den anderen zu verfallen; da kehrt das Tier zurück. Dieselbe Schmeichelei und dieselbe Nachgiebigkeit gegen sich selbst stellt man bei der Geige fest, die dem Menschen zu nahe steht und kleinen Fehlern zu sehr entgegenkommt. Das mechanische Instrument, Orgel und

Cembalo, hält die Stufen und die Unterschiede fest. »Wohltemperiert« heißt es in der Anweisung, was bedeutet, daß alles, was zweideutig und verführerisch ist, hier ganz klar ausgeschlossen und daß die Ordnung über das Vergnügen gestellt wird. Der Geist findet also seinen eigenen Glauben im Werk des Handwerkers wieder. Der Mensch muß ganz Mensch sein auf den Stufen dieser großen Treppe. Man spürt wohl, daß die Orgel dem Gesang eine Sicherheit verleiht, die Majestät ist. Die Sache ist jetzt Dienerin, strenge Dienerin. Das ist, kurz gesagt, die Charta des Menschen. Bach triumphiert hier; aber vielleicht zu sehr nach der äußeren Regel; so sind die Handwerker die freiesten der Menschen und auch die, die sich am wenigsten darum kümmern, es zu sein. Bei Beethoven wird alles immer wieder aus dem Chaos und den Elementen hervorgebracht. Und durch den Zufall, daß er die Töne nicht mehr hören konnte, diese äußeren Zeugen, mußte er ständig allein nach dem inneren Wollen und Gesetz schaffen. Ohne Belohnung. Dieses Reden des Menschen mit sich selbst hat in der Geschichte Anklang gefunden; und ist noch nicht zu Ende.

5. Juni 1927

Malerei und Zeichnung

Ein Sänger ist wohlwollend durch die Haltung, die er annimmt. Auch sich selbst gegenüber. Deshalb besteht in der Oper immer ein Gegensatz zwischen einer richtig finsteren Handlung und den Arien und Rezitativen, die sie zum Ausdruck bringen. Musik drückt nicht die Leidenschaften aus, sie löscht sie aus; noch viel besser in einem Sänger, wenn er sich auf sie einstellt, seinen Atem bemißt, also sich selbst steuert. Bereits die Tragödie mäßigt den Schrecken und das Mitleid; sie hält sie uns fern, auf Sichtweite. Mir scheint, daß die Oper sie uns ein wenig zu fern hält, weit über das hinaus, was man den Abstand des klaren Gefühls nennen kann. Die Musik dagegen ergreift uns im Innersten und lindert den Schmerz wie im Konzert; wodurch wir uns vielleicht geneigter finden, große Naturschauspiele oder Festzüge oder Zeremonien oder Tänze anzuschauen als Einzelhandlungen. Der König der Tragödie ist ein Mensch; der König der Oper eine Institution.

Wer zeichnet, ist wohlwollend. Auch er stellt sich auf etwas ein, auch er entspannt sich. Heftigkeit würde die Spitze des Stiftes abbrechen lassen. Satire tötet die Zeichnung auf der Stelle. Die allgemeine Sprache sagt: eine üble Zeichnung, um eine schlechte Zeichnung zu benennen. Eine Zeichnung kann in ihrer Form nur dann richtig sein, wenn sie im Strich richtig ist, das heißt rein, nicht plump, nicht brutal, nicht gemein. Durch die Radiernadel eines Rembrandt ist ein alter Wucherer ebenso schön oder doch fast so schön wie ein

Kind. Nicht durch einen Kniff, sondern durch die Richtigkeit des Strichs, die man auch Gerechtigkeit nennen möchte. Die Linie ohne Zorn und zugleich damit die exakte Proportion der Teile stellen uns darauf ein, das lebenskräftige Gleichgewicht zu erfassen, das ebenso ausgeprägt in diesem Gesicht des Wucherers ist wie in einem Krokodil, wie in einer Schlange, wie in einer Blume; wohingegen die Leidenschaft eine häßliche Schlange zeichnet, die sogleich durch den Schrekken erkannt wird, die aber der Natur nicht ähnlich ist. Einen Schlangenrachen, der sich auftut, sehen wir immer zu groß, wie wir eine gebieterische Nase zu groß sehen, böse Augen immer zu tiefliegend und zu dunkel und so weiter. Die Karikatur besteht aus einer Bewegung des Angriffs oder der Verteidigung. Valéry hat in seinen Versen eine Schlange dargestellt, die eine Art Ungeheuer und ein böser Inbegriff aller Mängel ist. Es ist wahr, wenn man sagt, die Poesie bewahre uns auch noch vor dem Schrecken durch die ihr eigenen Mittel. Aber der Radierer macht aus der Schlange, wie sie ist, ein Ornament, und zwar in sich vollendet und vollkommen; keineswegs diabolisch. Diabolisch ist nur die Einbildung.

Es ist schwer zu sagen, wie die Malerei die Wahrheit des Modells zum Ausdruck bringt, stets abwägend zwar, aber noch durch andere Mittel, durch andere Gesten, durch andere Vorbereitungen. Diese Kunst ist zweifellos noch geheimnisvoller als die Zeichnung. Ist die Zeichnung vollkommen, retuschiert sie nicht. Malerei dagegen ist nichts als Retusche. Ein redlicher Maler sagte oft von einem Bild: »An dem Bild habe ich nicht genug gemalt.« Farbtupfer auf Farbtupfer, darin besteht die Arbeit des Malers. Ich stelle hier wieder eine gemessene und entschiedene Bewegung fest ohne jeden Überschwang. Aber diese Bewegung, die den Farbtupfer anbringt und sich zu rückzieht, negiert die Zeichnung. Was hier in Erscheinung tritt, ist nicht mehr begrenzte und umrissene Form; es ist nicht mehr diese Selbstgefälligkeit des Wesens, das auf sich selbst beschränkt ist. In einem gemalten Porträt von Rembrandt ist die Linie, die den Scheitel des Kopfes begrenzt, nicht zu greifen; es scheint eher, daß das Porträt aus der Gesamtheit der Dinge hervorgeht, von der es nicht zu trennen ist. Dieser oft unklare Hintergrund, aus dem das gemalte Porträt hervorgeht, ist das eigentliche Wunder. Es ist die Welt, die mehr oder minder ausgelöscht, aber doch durch Verbindung und Übergang da ist; es ist der Schatten der Welt. Wenn der Hintergrund eine Landschaft, ein Möbel oder ein Wandbehang ist, ist das Wunder der Teilhabe seltener; hier lauert die Zeichnung auf die Malerei. Die Bedingung der Malerei bleibt dennoch dieselbe. Dieser gemalte Mensch muß in das Ganze der Dinge eingelassen sein, muß von ihnen getragen, erhellt, gehalten werden. Und darin besteht vielleicht das Eigentümliche der Malerei, im Gegensatz zur Zeichnung, daß sie die Unzulänglichkeit des Einzelwesens darstellt. Lesen Sie wieder einmal *Die Platane* von Valéry. Die Zeichnung wäre hier dem Gedicht unterlegen; aber die Malerei käme an das Gedicht heran.

12. März 1928

Die Pythia

Ich sehe ein sophistisches Spiel wiederkehren, das ich mich früher einfach zu verachten begnügt habe, das mir aber jetzt ein gewisses Licht auf die Inspiration des Genies wirft. Man will beweisen, daß alles, an dem gearbeitet worden ist, Lüge ist. Kunst ist Lüge, denn gewiß geschieht es nicht aus der ersten Regung heraus, ohne Kontrolle und Selbstbeherrschung, daß man Statuen und schöne Verse macht und ähnliche Dinge. Tugend ist Lüge, denn man ist ja nicht aus der ersten Regung heraus tapfer, maßvoll und geduldig; man muß seine ersten Regungen beherrschen, die sich von selbst und ohne uns einstellen würden; man muß gewisse Gedanken, die nicht schön sind, gewisse Begierden, auf die man nicht stolz ist, ablegen. Doch folgen wir dieser seltsamen Idee. Wahrheit ist Lüge, denn gewiß nicht die erste Regung sieht den Menschen oder ein Ding, wie sie sind. Der erste Anschein ist immer trügerisch; es bedarf weiter Umwege und langer Vorbereitungen, um sich ein klares Bild von der Ordnung des Himmels zu machen, die doch von allen am wenigsten verborgen ist. Zum Beispiel kommt uns die scheinbare Bewegung der Sonne, die von Osten nach Westen führt, zunächst wahr vor; und die wirkliche Bewegung, die von Westen nach Osten führt, ist zunächst nicht sichtbar, wenn man nicht Sterne und Sonne zugleich sieht; man muß also beobachten, wie sich die Sterne in der Nacht bewegen, was Zeit braucht, und sie auf die Bewegung der Sonne beziehen, was Überlegung kostet, das heißt Beherrschung der Gedanken. Hier aber überschlägt sich das Paradox. Indem wir das erklären, lügen wir, denn wir bringen nicht den ersten Zustand zum Ausdruck, den naiven Zustand unserer Gedanken. Wir legen uns etwas zurecht, bevor wir es aussprechen. Aber wer glaubt schon seinem ersten Gedanken? Wer spricht ihn ohne Bedacht aus? Hier gilt es, vorsichtig zu sein. Nur die Pythia ist wahr, also eine Verrückte; sie ist ein Teil der Welt; sie windet sich gemäß der Welt, wie ein Faden im Feuer. Sie brüllt; das ist ihre wahre Natur.

Das geht nicht; wir spüren, daß alle Begriffe hier kopfstehen. Und das zeigt, daß ein paar ärgerliche Abstraktionen nicht genügen, um alles in Verzweiflung aufzulösen. Wir sind keine Denkmaschinen, die ein klares Resultat ergäben wie die Waagen und Rechenmaschinen. Wir bewegen uns und verändern uns; was wir soeben gedacht haben, denken wir schon nicht mehr. Und die Bewegung kann in zweierlei Richtung führen; entweder unsere Gedanken lösen sich auf und führen uns in eine zusammenhanglose Träumerei; oder wir halten sie fest und ordnen sie, indem wir dieser Auflösung widerstehen, die der Schneeschmelze gleicht. Zum Beispiel wette ich, daß ein Mensch das liebste seiner Gefühle weder erkennt noch wiedererkennt, wenn er sich laufen läßt wie Wasser. Man muß sein Gefühl bilden, stützen und darauf schwören. Ebenso ist es ganz und gar unmöglich, daß ein Mensch sagt oder auch nur weiß, was er denkt, wenn er sich beim Denken zuschaut. Physik, Geometrie, Recht, alles fällt dann wie ein Kartenhaus zusammen. Man muß seine

Gedanken konstruieren und verteidigen wie Festungen. Diese Bemerkungen rütteln ein wenig heftig an dem, was man gemeinhin vom Nachdenken sagt. Und das zeigt, daß man über Gedanken leicht alles mögliche improvisiert. Hüten Sie sich vor der Philosophie. Diese Person, die so viel Anklang findet, ist sehr trügerisch.

Seine Gedanken bauen und bewachen, das nennt man in der Schule ganz einfach arbeiten. Und es ist eine menschliche Tatsache, daß man etwas um so besser weiß, je mehr man arbeitet, wie die Sonnenfinsternis zeigt, ein Schreckgespenst für diejenigen, die nicht gearbeitet haben, voraussehbare und berechenbare Tatsache für diejenigen, die ihre Gedanken gelenkt haben. Und zweifellos gelangen wir nie dahin, alles zu erklären, was die Pythia ausdrückt, und die Pythia, das sind Sie, das bin ebensogut ich. Aber ein wenig Friede und ein wenig Ordnung in unsere Wahrnehmungen bringen, das ist schon etwas. In einer Sache und dann in einer anderen vom Anschein zum Wirklichen überzugehen, darin besteht die Arbeit des Menschen. Wohingegen Worte ohne Dinge uns immer täuschen werden. Aber wäre das nicht durch eine natürliche Entschädigung die Prosa des wahren Dichters?

28. Februar 1929

Poesie und Prosa

An der Biegung des Ziegenpfades lag ich im Schattensaum, ein Ärgernis für die Ameisen, wie es der Mensch immer war. Ich sah sie wie Pfeile dahinschießen und gegen das Hindernis anrennen, und ich wunderte mich, wie es der Mensch immer getan hat. Und wie viele Male diese Kulturkreise unter derselben Sonne! Eine Sonne, die im höchsten Punkt ihrer Kraft stand; ebenso alle Formen vollendet in ihrem Wesen. Und da ich weder Fortschritt noch Zeit denken konnte, kehrte ich zu den pythagoreischen Ideen zurück, die selbst ihren Kreis schließen und überall gleich sind und unbeweglich in ihren Gegensätzen. Von da aus befragte ich den wolkenlosen Himmel, und ich fand mich von allen Seiten umfangen von dieser heißen Luft, die mich zum Glück überredete, nichts zu wollen und nicht einmal etwas zu erwarten. Ich war gefangen, Insekt für immer und ewig an meinem Platz, wie Goethe sagt, in dem großen spinozistischen Kristall. Solche Augenblicke verleihen dem Leben Halt. Dennoch fanden selbst diese Gedanken weder Durchbruch noch Platz. Ich suchte nach ihnen, aber ich konnte sie nicht in diesem Punkt ohne Ausdehnung zusammenfassen, von wo aus sie dem Universum geglichen hätten.

Deshalb suchte ich bei den Dichtern. »Mittag, König des Sommers . . .«; doch das war nur eine Idee, eine Annäherung des Geistes, festgehalten durch den Rhythmus. Das war nur ungefähr; denn es war bereits fünf Uhr, und der Tag war noch nicht zur Neige gegangen; man sah an diesem Himmel ohne Zeichen keinen Grund dafür, daß der Tag begonnen hätte oder jemals enden müßte. Da kam mir eine andere Erinnerung in den Sinn wie ein gut gezielter Pfeilschuß: »Sommer, Felsen aus reiner Luft!« Damit war alles gesagt, und auch meine Gedanken bildeten einen großen Kristall, bis hin auf den Grund des unbeweglichen Himmels. Ausgehend von dieser plötzlichen und wirklichen Einsicht, konnte ich mir die Folge der Gedanken erhoffen, die ich soeben niedergeschrieben habe, und viele andere noch, die Prosa sind. Und den Grund, warum die Poesie die erste ist, sah ich wohl ein. Wer nicht zunächst das Ganze hat, kann die Teile nicht bilden. Doch wer ist der Dichter? Es kann sein, daß der Name sich in Ihrem Gedächtnis nicht gleich eingestellt hat, und ich überlasse es Ihnen, ihn zu finden. Dieser Halbvers gehört nicht zu denen, die man zitiert, obgleich man, wie ich glaube, nichts Schöneres zitieren kann. Er stammt nicht von jenem Parnassien, den ich zuerst zitierte; denn der hat immer nur Ideen; und nicht durch Ideen kann man jene wunderbare Geste der Natur finden. Und man muß auch nicht bei dem großen Romantiker suchen. Denn der erfaßt schließlich das Unbewegliche mit rhetorischem Schwung und immer, wie mir scheint, in einem privaten Bild. Was da total und kosmisch ist, ist immer Sturm wie der nordische Frühling. Wohingegen dieser olympische Blitz, der uns beschäftigt, ein Anfang ist; er zuckt plötzlich auf nach einem langen Schweigen; und man nimmt keine andere Vorbereitung wahr als eine Übereinstimmung des Seins mit seinem ganzen Wesen und gleichsam ein unteilbares Erwachen. So ist denn die Musik schon zu Beginn ganz da. Wenn ich die nackte Inspiration definieren wollte, so würde ich dieses Beispiel dazu heranziehen; und Genie ist zweifellos nur eine lange Weigerung. Im Gegensatz dazu wäre auch die Prosa definiert, die die Vorbereitungen aufbewahrt und ihnen eine andere Art Ehre zukommen läßt. Für die Prosa ist jeder Gedanke gut; hier bedarf es nur der Geduld, sie zu entziffern. Aber Poesie verlangt eine andere Geduld, die die Gedanken fernhält. Den menschlichen Körper zusammen mit der Welt erklingen lassen und durch eine besondere Struktur und äußerste Schlichtheit den Gesang der Natur erwarten, den Gesang der Stunde. »Sommer, Felsen aus reiner Luft!«

Hier sagt mir der Mensch, der sich immer täuscht, ins Ohr: »Wir sind völlig einer Meinung. Was diesen Halbvers angeht, so habe ich nur eine unbestimmte Erinnerung; aber, wie Sie sagen, er kann nicht die Frucht jener verstandesmäßigen Poesie sein, die gar keine Poesie ist und die sehr subtile, ich möchte sogar sagen byzantinische Kombinationen mühsam in Verse setzt, so weit weg vom Natürlichen wie möglich. Zu den Quellen, mein Herr, zu den Quellen der Erde, zu den Quellen des Lebens!« Ich stimmte dem Menschen zu, der sich stets täuscht, und staunte, daß er sich wieder täuschte, obwohl er die Wahrheit sagte.

1. September 1929

Die Schönheit lebender Formen

Man fragt manchmal, worin die Schönheit eines Hundes, eines Pferdes, eines Menschen besteht. Und man möchte antworten, daß es die Gewohnheit ist, die hier unsere Urteile bestimmt; aber es bedarf nur einer abgeleckten Katze, um diese schwache Antwort vergessen zu lassen. Eine nasse Katze ist häßlich; weil nämlich die Form des Tieres, die alles so gut bis in die Haarspitzen hinein ordnet, hier durch eine äußere Ursache zunichte gemacht ist. Jede Verformung ist häßlich, jede Verstümmelung ist häßlich. Für schön halten wir dagegen eine lebende Form, die nicht nachgegeben hat und die sich nach ihrem eigenen Gesetz vollendet. Die ägyptische Kunst hat uns Sperberköpfe hinterlassen, die bewundernswert sind, bewundernswert durch einen eindeutigen Sieg der Struktur über den Zufall. Der Bildhauer hat diese entschiedene Kraft des Tieres erfaßt und hat sie in Stein oder Bronze besser übertragen, als das Tier selbst es vermag. Zum Beispiel besitzt ein Auge, das blinzelt, keine Schönheit, weil die Bewegung aus Unruhe und Schwäche stammt; die äußere Ursache, Staubkörnchen oder Sonnenstrahl, ist die stärkere. Alle Bewegungen des Rückzugs und der Flucht, die bezeugen, daß die Gestalt des Tieres dem Ereignis weicht, haben etwas Häßliches; wohingegen eine Bewegung schön ist, wenn die Form sich darin frei entfaltet; solcher Art sind beim Menschen die Bewegungen des Tanzes und der Gymnastik; doch sobald sich ein Zwang in ihnen abzeichnet wie etwa die Bedrohung durch eine Peitsche oder eine Fessel, die ins Fleisch schneidet, oder irgendeinen Teil des Gewandes, das zu eng ist, befindet die Schönheit sich in Gefahr.

Ein Lächeln ist schön, weil die Form sich einer inneren Ausgewogenheit entsprechend ausdehnt; aber im Lachen kann man eine Art Heftigkeit wahrnehmen und einen unüberwindlichen Zufall; und das läßt zur Genüge begreifen, was sogar in einem gewissen Lächeln an Unangenehmem liegen kann. Übrigens haben Malerei und Bildhauerei, weil sie das Unbewegliche darstellen, immer die flüchtigen Zeichen und die Falten zu fürchten, über die die Form sich in irgendeiner Weise sofort hinwegsetzen sollte. Tausend Beispiele zeigen, daß man viel riskiert, wenn man ein Lächeln malt oder gar in Stein haut; denn dieses Zeichen, das nicht aufhört, erinnert an eine äußere Bedingung, die sich dem Lebendigen aufprägt. So ist denn der Ausdruck stets beeinträchtigt. Ich komme zu diesem Sperber zurück, der nur ausdrückt, was er ist, nicht, was er tut. Tun ist Erleiden.

Majestät ist das gemeinsame Merkmal all dieser so wohlumrissenen Formen. Und das Gegenteil von Majestät im Menschen ist vielleicht das Erstaunen; denn das Erstaunen ist der Stempel dessen, was plötzlich hinzutritt, dessen, was unerwartet ist und also doppelt fremd. Es gibt weder eine schöne Statue noch ein schönes Porträt, das Erstaunen ausdrückt; und ich habe wenige schöne Gesichter gesehen, die fähig waren, Neugier zu zeigen, ohne viel dabei zu verlieren. Diese Bemerkungen können helfen zu begreifen, was Stil ist, in Werken und sogar in Wesen. Eine Schönheit erregt sich nur aus einem inneren Grund; sie widersteht dem äußeren Anstoß; sie nimmt nicht die Form des Ereignisses an. Ein Ereignis, das sich in ein Gesicht einschreibt, das ist vielleicht das Häßliche. Die Kämpfenden bewahrten einige Zeit um Stirn und Schläfen herum ein Zeichen des Schreckens oder, sagen wir, eine erzwungene Aufmerksamkeit, die nicht schön war. Und die Zeichen des Alters sind nicht schön, wenn sie Zeichen angehäufter Ereignisse sind oder, wenn man will, Furchen der Erfahrung. Aber wenn das Altern durch innere Festigung geschieht und die lebende Gestalt Statue wird und sich unerschütterlich behauptet, dann kann ein Greis schön sein. Diese Bedingungen sind unabhängig von einem Schönheitskanon; ein in sich ruhender Neger ist schön; ein sklavisches Lachen ist häßlich auf jedem Gesicht. Jedes Wesen ist schön, solange es es selbst ist. Ich sehe sehr wohl, wie Sokrates seine Schönheit gewann, während Alkibiades die seine verlor.

1. März 1930

Mut

Da die Angst die allgemeinste und demütigendste aller Leidenschaften ist, ist der Mut von allen Tugenden die geschätzteste. Das Kind, das fast ständig Angst hat, und zwar mehr, als es sagt, bewundert in seinen Träumereien die Menschen, die etwas wagen; es vertraut nur ihnen; es hält sich, so weit es kann, in ihrem Schatten; es ahmt sie nach; es kleidet sich wie sie, spricht wie sie, hofft und wartet auf das Erwachsensein, wo es wird denken können wie sie. Wenn dieses Alter kommt, entdeckt der junge Mensch, daß die Handlungen, die für gefährlich gelten, viel weniger schwierig auszuführen sind als die, die ihm Schrecken einjagten, als er Kind war, wie zum Beispiel im Dunkeln schweigend verharren oder sich allein in einem kleinen Wald aufhalten, wo nichts sich zeigt. Ein Bauernkind tritt voller Entschlossenheit auf gegenüber einer Kuh, die viel stärker ist als es; aber es fürchtet den Wald, die Schatten, die nächtlichen Geräusche; wenn man genau hinsieht, fürchtet es sich vor seiner eigenen Angst. Es macht an sich selbst die erstaunliche Erfahrung, daß nämlich eine von der Vernunft klar bestimmte Gefahr wenig bedeutet neben einer großen Angst, für die es keinen Grund findet. Die Physiologie erklärt sehr gut, warum grundlose Angst sich bis zu einer Art Wahnsinn steigert; denn es findet sich dann nichts, was die Muskeln beschäftigen und disziplinieren könnte. Wenn danach das Kind von gestern durch die Älteren in die Lage versetzt wird, eine riskante Handlung auszuführen, findet es, daß sie leicht ist; und in der Tat ist sie zu Beginn immer leicht. Abgesehen davon, daß die diffuse Erregung der ersten Angst in Begeisterung umschlägt, wenn nämlich das Handeln befreiend wirkt. So hat der Mensch das Schiff bestiegen und Eroberungen gemacht, so überfliegt er jetzt die Ozeane.

Eine andere Angst, vermischt mit Liebe und Achtung, ist die, die er vor Zauberern und Hexen hat, die betagte Menschen sind und eine unerklärliche Macht ausüben ganz einfach durch ihre kalten Augen, ihre strengen Gesichtszüge und durch die Gleichgültigkeit, die sie im Angesicht von Schatten, Windhauch und allen kaum merklichen Gefahren zeigen. Alle Hilfe kommt von ihnen; aber sie begreifen auf so seltsame Weise, was man ihnen sagt, und ihre Gründe, etwas zu bejahen oder zu verneinen, zu loben, zu tadeln, sind so verborgen, daß von ihnen eine andere Art Schrekken ausgeht, die Furchtsamkeit. Ein junger Mensch hat viel mehr Angst vor dem Vorsitzenden des Abitursgremiums als vor einem Fahrzeug, das mit hundert Stundenkilometern heranbraust. Und was ist schon ein nicht bestandenes Examen verglichen mit gebrochenen Beinen und einer eingedrückten Brust? Aber die Angst stellt ihre eigenen Berechnungen an; sie bewertet das Risiko stets nach der Gefühlserregung. Das Kind träumt von einer zukünftigen Zeit, in der es den Bann der Zauberer und Hexen brechen kann. Nun, diese Zeit kommt oft viel schneller, als es glauben mochte. Der junge Mann, der aus dem Kriege heimkehrt, ist seinerseits Zauberer und Magier; und die alten Zauberer und Hexen sind aus leicht zu verstehenden Gründen, verglichen mit ihm, wie kleine Kinder. Der Alte ist ganz Ohr, und es ist der Junge, der jetzt erzählt.

Da die Trunkenheit, etwas zu wagen und gewagt zu haben, so beschaffen und der Ruhm die schönste Sache der Welt ist, muß man mit einer verzerrten Moral rechnen, wie unsere Gesichter in gebogenen Spiegeln verzerrt sind. Der Mut trägt bei weitem den Sieg über die anderen Tugenden davon und löscht sie sogar aus. Was sind schon all die Zerstörungen, Plünderungen, Toten in den Augen eines Menschen, der sein Leben aufs Spiel setzt? Was wird aus der Mäßigkeit, die so oft die Verbündete der Angst ist? Was zählt die Gerechtigkeit für den, der sich alles erlaubt hat? Was zählt Gerechtigkeit für den, der alles gewagt hat? Alle Schulden sind in einem Augenblick getilgt. Und was die Weisheit betrifft, von der ein kleines Aufblitzen so viele Leben retten würde, wer würde schon diesen Greisenschmuck bewundern, dieses Einmaleins der Schwachen, dieses Urteil kalter Herzen? Niemand und nicht einmal der Greis, der sich durch die Bewunderung verjüngt und sich vielleicht an frühere Heldentaten erinnert oder vielleicht in seinem Enkel denjenigen bewundert, der er hätte sein mögen und nicht hat sein können, er, der alle Dienstgrade der Depositenbank durchlaufen hat. Rührende Szenen und echte Tugenden, aus denen die größten Übel entstehen. Ich habe noch keinen Menschen gefunden, über den diese mächtigen Gefühle keine Gewalt hatten. Und wer sieht nicht liebevoll über die Dummheiten hinweg, die ein tapferer Mann vorbringt, der sein Leben eingesetzt hat? Heilmittel dafür sehe ich nur in der Kenntnis der Ursachen, die durch die Weisheit einiger Greise bemerken wird, daß das Glück des Bewunderns ein Leckerbissen ist, den man oft zu teuer bezahlt. Alle Helden tot und alle Schwachen gerettet, das wäre wirklich ein schönes Stück Arbeit.

20. Dezember 1930

Hegel

Als Hegel in seine Vorlesung ging, einen Pantoffel an dem einen Fuß und einen Schuh an dem anderen, hätte man glauben können, er sei nicht mehr von dieser Welt und daß seine abstrakten Spekulationen den Pflüger nie etwas angehen würden. Wenn man sich jedoch das Schauspiel der Menschheitsgeschichte vor Augen führt, wie er es uns zu tun gelehrt hat, gelangt man zu der Annahme, daß seit dem Christentum sein philosophisches System das einzige ist, das die Erde umgepflügt hat. Denn schließlich sind die Marxisten Hegelianer; und selbst wenn sie, was sie den Hegelschen Idealismus nennen, noch stärker ablehnten, als sie behaupten, so setzen sie ihn genau dadurch fort. Hegel selbst lehrt uns, die reine Idee zu negieren; und seine berühmte Logik, bei der man zu gern stehenbleibt, tut nichts anderes, als uns aus der Logik herauszuführen wegen der Unzulänglichkeit der schmächtigen und ätherischen Gedanken, die darin ihr Spiel treiben.

Sobald der alte Parmenides einen Schritt in der reinen Logik getan hatte, fand er sich darin eingeschlossen und schlug sich mit den leeren Begriffen des Seins und des Nichtseins herum; was bei seinem Schüler sichtbar wird, jenem Zenon, der sich darin verbiß, die Bewegung zu leugnen, weil er sie mit seinen noch unentwickelten geistigen Werkzeugen nicht zu fassen vermochte. Diogenes erhob sich und ging: alles lachte. Das war wie das Schaukeln des Schiffs, bevor die Taue gekappt werden. Jeder, so scheint mir, der auch nur ein wenig von dem lebendigen und breit streuenden Licht des Platonismus erhellt ist, muß begreifen, daß die Gegenüberstellung von Zenon, der die Bewegung leugnet, und Diogenes, der aufsteht und geht, zu abrupt ist, und daß hier Mittelglieder oder Stufen fehlen, durch die man den Übergang vom Pfeil zum Bogenschützen bewerkstelligt. Diese Mittelglieder oder Stufen bietet uns die Menschheitsgeschichte zur Genüge. Zum Beispiel sieht man, daß die Alten sich am freien Fall stoßen und nichts von ihm verstehen und daß Galilei nur mit Mühe der Tatsache des Falls auf die Spur kommt mit Hilfe von Ideen, die sich noch an Sein und Nichtsein klammern wollen. Denn gewiß waren die Tatsachen mannigfaltig und vielsagend; aber der Mensch denkt, das heißt, er schließt sich darin ein, wie man zur Zeit Galileis bei jenen Theologen sah, die nicht begreifen konnten, daß sich die Erde dreht.

Hegel nun, der diese langen Debatten des menschlichen Geistes mit sich selbst beobachtete, bemerkte, daß diese überwundenen und aufgehobenen Widersprüche ein System der wirklichen Logik bildeten, bei der man nicht stehenbleiben kann. Und als er diese gegenstandslosen Zirkel von Ja und Nein, Groß und Klein, Ursache und Wirkung, also der bloßen Beziehungen durchlaufen hatte, stürzte er sich wegen der Unzulänglichkeit, der Langeweile und der Unfruchtbarkeit dieser körperlosen Dinge in eine verwegene Zoologie, in der er dieselben Gegensätze und dasselbe Drama des Geistes erkennen wollte, das aber diesmal durch die Natur, wie sie ist, entworfen wird; was zeigte, daß man nicht denkt, ohne zunächst zu leben, und daß schließlich der Geist schwimmen muß wie Odysseus, dessen Gedanken sich immer nur auf kurze Strecken richteten, dessen Denken aber darum wirklich ist. Diesen Teil des Systems, der die Philosophie der Natur ist, hat man scharf verurteilt; mehr als ein Odysseus ist darin ertrunken. Man hätte weiter schauen müssen; denn dieser Schiffbruch der Logik in der Natur war nichts als der andere Ansatz.

Die Menschheit hat sich gerettet; nicht durch die abstrakte Logik, sondern durch die irdische Logik, indem sie Städte gründete, Tempel errichtete, Götter erfand; nach der Natur, das heißt nach Winden und Gewässern, nach Lebensaltern und Bedürfnissen; aber auch nach dem Geist, wie die Geschichte begreifen läßt. Zum Beispiel gibt es einen sehr frappierenden Widerspruch zwischen der reinen Idee der Gerechtigkeit, die sich immer wieder selbst negiert, und dem Recht, das eine wirkliche Gerechtigkeit ist, eine Gerechtigkeit, die schwimmt und die sich rettet, so gut sie kann; und niemand kann in dieser Geschichte des bedrohten Geistes einen gebrochenen Widerschein der Logik verkennen. Man mag das zur Genüge beurteilen mit Hilfe der Philosophien der Kunst und der Religion, dieser kolossalen Konstruktionen aus Erde, Steinen und lebenden Menschen oder, um es energischer zu sagen, aus denkenden Tieren. Der Beweis war erbracht durch diese Ernte wirklicher Ideen, die unsere geistigen Instrumente erfassen konnten, bis hin zu der Geschichte, wie sie war, wie sie ist. Und da die Geschichte immer noch weitergeht, fanden andere, die suchten, die seltsamen und unbeholfenen Mittel, durch die der Geist sich rettet, das heißt der lebendige Geist, der, der ißt, schläft, sich regt, sich wieder schlafen legt, stirbt, um wiedergeboren zu werden. Man hat also gesehen, wie diese Philosophie nach einem langen Abstieg und einer langen Geschichte schließlich die Erde von jetzt berührt und erschließt. Diogenes geht, und niemand lacht mehr.

1. Januar 1931

Der Nieter

Von oben gesehen zerfällt die Geschichte der Menschheit in zwei Perioden. Die erste ist unermeßlich und wenig bekannt, es sei denn durch ihre Resultate; es ist das Zeitalter der Technik, das uns alle Erfindungen überliefert hat, die zählen: das Feuer, die Ackerkrume, den Bogen, die Mühle, den Weizen, die Kuh, den Hund, die Katze, die Winde, das Rad. Durch welche Versuche? Man kann es sich kaum vorstellen. Das Denken der Menschen trennte sich damals nicht vom Werkzeug und vom Tun; sonst, wenn es zur Betrachtung überging, wurde es verrückt; fetischistisch, magisch und lief den Orakeln nach. Der Erfinder des Bogens machte sich weder einen Begriff von der Schwerkraft noch von der Flugbahn, er glaubte immer noch, es sei ein Zauber, der den Feind getötet hat. Von dieser Art Denken haben wir nur noch formlose Reste, die aber alle dasselbe Zeugnis ablegen. Und das führt dahin anzunehmen, daß die Technik, selbst wenn sie sich nach der Erfahrung richtete und getreu vom Meister dem Lehrling überliefert wurde, nicht von sich aus zur Wissenschaft geführt hat und schließlich, daß Erfinden und Denken zweierlei sind.

Die zweite Periode, die mit den Disputen des antiken Griechenland beginnt, zeigt uns ein Denken, das sich vom Handwerk löst und in sich selbst und in der Zwiesprache mit sich selbst das Geheimnis der Dinge sucht. Der berühmte Zenon von Elea hatte sich bewiesen, daß Bewegung nicht möglich sei; er schloß daraus, daß es Bewegung nicht gibt. Diese Art von Entgleisung ist berühmt geblieben; sie läßt uns lachen. Dennoch ist sie das Muster eines Denkens, das man theologisch nennen muß und das bis hin in unsere Zeit Hervorragendes geleistet hat, indem es beweist, daß das, was sein muß, ist. Hier haben wir die Gegenposition zum Techniker vor uns, der, wenn er das Boot, die Mühle, die Winde baut, sich so nahe wie möglich an die Erfahrung hält, aber nicht über sie nachdenkt. Der Theologe hat die Augen geschlossen, um besser sehen zu können; seine Erfahrung lag anderswo, im Himmel des anderen Lebens, aus dem niemand zurückkehrte. Diese seltsame Methode, die von allem handelte mit Hilfe von Für- und Widerreden, ist nicht unfruchtbar gewesen, wie man glauben könnte: sie hat uns Ideen und den Geist des Prüfens geschenkt. Der alte Fetischismus ist immer wieder gereinigt worden durch die absolute Idee dessen, was ein Gott sich schuldig ist. Die universelle Moral hat Gestalt angenommen. Die Mathematik, die gleichsam eine Moral des Verstandes ist, hat ihre seltsamen Beweise entwickelt, die sich etwas darauf einbilden, die Erfahrung zu verachten. Und wir wissen, daß unsere glänzende und abenteuerliche Physik daraus entstanden ist, daß sie dem Hebel, der Winde und der Mühle gleichsam eine zweite Geburt geschenkt und durch die Theorie dieser alten Maschinen vernünftige Ansichten der Welt eröffnet hat aus einer durch Erfahrung gemäßigten Theologie.

Man hat festgestellt, daß wir in ein neues technisches Zeitalter eintreten. Nun gut. Aber man muß nicht annehmen, daß dieses Zeitalter dem des Bogens und des

Segels gleichen wird. Denn der menschliche Geist weiß viel besser Bescheid über seine eigenen Verfahren und ist viel besser darauf vorbereitet, das, was er erfindet, zu begreifen. Gewiß ersieht man die Trennung von Idee und Technik ganz klar aus unseren Fabriken, wo die meisten etwas ausführen, ohne zu denken. Aber so summarisch die Ausbildung auch sein mag, die man dem zuteil werden läßt, der sie bedient, vergleichen Sie ihn mit dem Erfinder des Bogens; Sie werden im Schlosser, im Gießer, im Bergarbeiter, im Erdarbeiter unserer Zeit eine erstaunliche Philosophie antreffen, die zum Teil moralisch und politisch, zum Teil kosmogonisch ist und die der des wilden Jägers deutlich überlegen ist. Sicherlich ist die Verbindung von Idee und Handwerk noch nicht geschaffen; der Nieter denkt an die Gerechtigkeit und nietet nach der überkommenen Gewohnheit. Aber es kann nicht sein, daß die gereinigte theologische Idee sich nicht schließlich im Handwerk niederschlägt in einer Weise, die ich nicht anzugeben wüßte, die aber etwas Neues sein wird. Auf jeden Fall scheint mir, daß das, was sich an Aufmerksamkeit, Offenheit, Entschlossenheit im Handwerk tut, in die Ideen übergehen wird, die dessen sehr bedürfen; und daß auf diesem Wege, der noch nicht begangen ist, der Gedanke sich auf die Erde niederlassen und den utopischen Charakter ablegen wird, den er aus der Theologie bewahrt hat. Denken und beurteilen, wie man nietet, das wird zweifellos das Privileg des neuen Menschen sein. Mir scheint, ich sehe bereits Anzeichen davon.

28. Februar 1931

Mehrere Götter

Der Polytheismus entsprach dem Maß des Menschen. Nicht daß er vernünftig oder glaubhaft gewesen wäre. Aber das Eigentümliche einer Religion besteht nicht darin, vernünftig oder glaubhaft zu sein; es ist ein Heilmittel der Einbildungskraft gegen die Übel der Einbildungskraft. Im letzten Krieg war es üblich, daß man sich nicht drei Zigaretten mit demselben Streichholz anstecken durfte; soll das heißen, daß man glaubte, das brächte Unheil? Nein, das nicht. Aber man vermied das Vorgefühl des Unglücks, das bereits ein Übel ist. Man glaubte es nicht, aber man tat so, als ob man es geglaubt hätte. Ich vermute, daß die Alten aus demselben Gefühl heraus Neptun einen Ochsen opferten. Durch dieses Mittel wurde die Einbildungskraft ein wenig davon abgelenkt, etwas zu fürchten; und fürchten ist nicht gut.

Indem wir uns das ins Gedächtnis gerufen haben, müssen wir zugeben, daß mehrere Götter mehr wert waren als einer. Denn das Verhalten, das dem Menschen entspricht, ist nicht der passive Gehorsam, sondern vielmehr das Bemühen, das List anwendet, Umwege macht, das nach einem berühmten Wort Bacons befiehlt, indem es gehorcht. Mehrere Götter, das stellt unsere Chancen und unsere Zuflucht dar. Odysseus hatte Neptun zum Feind und Minerva zur Freundin; das bedeutete, daß die Natur der Dinge uns niemals ganz böse gesonnen, niemals ganz unerbittlich gegen uns ist. Das bedeutete auch, daß unsere Fehler niemals von einem einzigen Richter gewogen wurden und daß jeder Mensch in seiner vielfältigen Natur etwas besaß, was dem einen oder dem anderen Gott gefiel. Zwar schwebte das Schicksal über allen Menschen und Göttern, aber sehr weit über ihnen, was nicht schlecht die Rolle der Notwendigkeit spielte; denn wir müssen die Sterne, die Jahreszeiten, die Lebensalter, den Regen, den Wind ertragen, ohne deshalb Sklaven zu sein; und es wird immer ein schwieriger Punkt für die Weisheit sein, diese Mischung aus fügsamen und unzähmbaren Kräften hinzunehmen, wie sie ist, durch die hindurch wir uns einen Weg bahnen müssen.

Der Monotheismus ist hart und unmenschlich. Das ist eine abstrakte Sichtweise und eine der Fallen des Geistes. Denn das Eine ist kein Wesen. Das Eine ist eine Idee und alsbald durch zwei, drei und weitere Zahlen berichtigt, ohne die es keinen Sinn hat. Aber die Völker, die gedacht haben, daß das Wesen eins ist oder daß das Eine das Wesen ist, haben aus diesem Gedanken nicht durch andere Gedanken herauskommen können, was man doch stets versuchen muß. Sie sind wie ergriffen stehen geblieben vor diesem Gott ohne Form, der ewig unbeweglich, undurchdringlich und unbegreiflich ist. Wie und warum soll man da nur einen Finger rühren in diesem großen Sein, das alles tut und, schlimmer noch, in dem alles im voraus vollendet ist? Der Fatalismus ist das Gift aller Hochreligionen; und der Mensch ist in ihnen nichts mehr. Was einen erbarmungslosen Fanatismus nicht verhindert. Und ich begreife, warum. Unter der fatalistischen Idee gibt es niemals einen triftigen Grund, eher dieses als jenes zu tun, weil man, was man auch tut, immer sicher ist, dem großen Einen zu gehorchen. Man sollte sich also, nach einem mohammedanischen Sprichwort, gar nicht von der Stelle rühren. So handelt man denn nur aus Zorn. Diese blinde Regung des Lebens wird immer befolgt; daher eine Mischung aus Weisheit und Heftigkeit, Sanftmut und Wut, die Reisende bei diesen Menschen feststellen. Abgesehen davon, daß das Gefühl der absoluten Sklaverei uns so beengt, daß die Kontemplation des großen Einen immer leicht aufbringt. Fügen wir hinzu, daß es nichts Empörenderes gibt für denjenigen, der sich einen wahren Gläubigen nennt, als zu sehen, daß sich andere Menschen mit dem Einen wie mit dem Mehreren abfinden und sich ihren Weg durch vielfältige Mächte bahnen. Der majestätische Mohammedaner, der auf so vornehme Weise gastfreundlich ist, findet es natürlich, das, was er Götzendienst nennt, namentlich die Dreifaltigkeit unserer Theologen, die Marienverehrung, diejenigen, die diesem oder jenem Heiligen Altäre errichtet haben, mit dem Tode zu bestrafen.

Tatsache ist, daß unsere abendländischen Theologen um den Preis großer Spitzfindigkeiten etwa die Mitte halten zwischen der Religion des Einen und dem puren Aberglauben, der Fetischismus wäre. Im Grunde und wenn man unsere Religion als eine Kunst nimmt, die Einbildungskraft zu regieren, findet man gesunden Menschenverstand in den Metaphern und ein Vermögen, sich anzupassen, das der komplizierten Vielschichtigkeit der Doktrin entspringt. Schicksal, Gnade, Strafe, Verzeihung, Gehorsam gegenüber den Mächten, Widerstand gegen die Mächte, Krieg, Frieden, Kapitalismus, Sozialismus, all das findet sich darin wieder in einer Mischung, in der das allgemeine Denken sich fast wiedererkennt. »Aber Sie glauben doch nicht«, wird jemand sagen, »daß diese Religion wahr ist?« Seltsame Frage. Fragt man denn, ob die Märchen wahr sind?

1. Oktober 1931

Die geheime Doktrin

Die Tyrannis wird immer in diesem Sinne vernünftig sein, daß sie stets die besten Spezialisten und zwar immer genauer aussucht, wie man es bei der Armee sieht. Und umgekehrt wird die Vernunft immer tyrannisch sein, weil der Mensch, der etwas weiß, niemals dem Menschen Wahl und Freiheit gestattet, der nichts weiß. So finden sich der Tyrann und der Wissenschaftler ihrem Wesen nach als Verbündete, und das Verhaßteste findet sich immer mehr verbunden mit dem, dem die größte Achtung entgegengebracht wird. Dagegen gibt es keine andere Hilfe als einen Widerstand, der blind zu sein scheint, zum Beispiel den Besuch eines Arztes verweigern oder einen jener unzähligen Tests, die es ermöglichen, Ihre wirklichen Fähigkeiten zu entdecken und zu messen. Ich wähle absichtlich diese Beispiele, weil sie in beiden Richtungen Entrüstung auslösen, Entrüstung, wenn man sich ihnen widersetzt, Entrüstung, wenn man allem, ohne zu urteilen, gehorcht. Was die goldene Mitte oder die Grenze betrifft, so erwarten Sie sie nicht vom technischen Inspektor, der, wenn es sein muß, sich selbst das Thermometer in den Mund steckt, sich den Tests der Überprüfung und schließlich des Verfalls unterzieht, wonach er zu gegebener Zeit in den Ruhestand versetzt wird. Und auch der Tyrann, der alsbald nichts mehr als ein Techniker der Polizei ist oder vielleicht des Terrors und der Hinrichtungen, wird einer Wissenschaft unterworfen, die keinen Kopf hat. Das also wäre das irdische Paradies.

Ich sehe aber, daß der Künstler nein sagt, daß der Sklave nein sagt; und besser noch der Arzt und der Tyrann, die auch Lust haben, nein zu sagen. Aber sie sind wie Javert fähig, wirklich nein zu sagen.

In diesem absurden Traum einer rationellen Ordnung gibt es etwas, das nicht geht. Aber was? Ich habe bei einigen wenigen Autoren Fragmente dessen zusammengelesen, was ich die geheime Doktrin nenne, die all diese Dinge zerbricht. Aristoteles ist dafür bekannt, daß er gesagt hat, eine Wissenschaft gebe es nur vom Allgemeinen; man weiß weniger, daß er auch gesagt hat, die Wissenschaft sei keine vollkommene Erkenntnis, daß sie nur Erkenntnis der Potenz nach sei und die Erkenntnis als Akt die Erkenntnis der Einzeldinge sei. Was das Tun selbst und die Tugend betrifft, so betreffen auch sie die Einzelwesen und die besonderen Situationen, was die Regel und den vernünftigen Tyrannen zerbricht. Diese letztere Konsequenz gesteht er sich nur insgeheim. Aber schließlich sieht man hinter diesem stillschweigenden Eingeständnis einen Zipfel der Urteilskraft hervorschauen. Das sind die späten und fast unerkennbaren Früchte der Lehre Platons. Eine solche Weigerung findet man bei Denkern nur selten. Fast alle sind versessen auf Vernunft; man liest nur noch Entwürfe weltweiten Glücks; das jagt einem einen Schauer über den Rücken. Dennoch widersteht der erste Rang, in dem man Descartes und Spinoza erblickt, tapfer diesem Glück, das man gleichsam mit der Gießkanne verteilt. Menschen dieser Art bedenken mit äußerstem Mißtrauen sogar noch den guten Tyrannen. Ihre Gründe richten sich gegen eine Art äußerlicher und materialisierter Vernunft. Spinoza lehrt rätselhaft, daß man Gott um so mehr liebt, je mehr man die Einzeldinge erkennt. Goethe, der sich nicht weniger im Widerstand eingerichtet hatte, obwohl er Minister war, hat darin seine eigene, kaum auszudrückende Weisheit erkannt. Wird unser Zeitalter der abstrakten Vernunft den Prozeß machen? Es sieht nicht so aus.

Ich finde zweierlei zu sagen und immer wieder zu sagen gegen die Arroganz der Obersten und Adjutanten des Denkens. Das erste besteht darin, daß der Fortschritt der Erkenntnisse nicht vom Konkreten zum Abstrakten führt, sondern umgekehrt vom Abstrakten zum Konkreten. Das Denken des Kindes besteht nur aus Wörtern ohne jeden wirklichen Inhalt. Der Inhalt, das ist die Welt der Dinge, der Tiere und der Menschen; glücklich der, der sie wie durch gut geputzte Fensterscheiben sieht. Kein System haben, denn das hieße, seine eigenen Brillengläser betrachten; vielmehr durch das System hindurch die Welt entdecken und das System negieren. Aber nur wenige Menschen geben zu, daß die geistigen Instrumente weder wahr noch falsch sind. Klare Ideen haben, das bedeutet, daß man die Welt nicht mehr durch die Leidenschaften hindurch sieht; aber wenn die Ideen klar sind, sieht man sie nicht mehr; dann sieht man die Welt. Diese Art von Erkenntnis hat den schönen Namen Urteilskraft erhalten; und wir leben unter dem König Vernunftschluß; daher eine wirre und ständige Revolution, die immer widerlegt wird und immer unüberwindlich ist.

Die andere Idee liegt in einem ziemlich großen Abstand von dieser; aber sie ist dennoch mit ihr untergründig verbunden. Ich meine, daß es lächerlich ist, die Kinder nach ihren Fähigkeiten zu unterrichten; das ist nur eine Kriegsmethode und stets zum Besten des Staates. Man müßte vielmehr die Fähigkeiten entwikkeln, die sich nicht zeigen, aus dem Grunde, daß die Schwachen der Gymnastik mehr bedürfen als die Starken und daß man, wie man offensichtlich die Ausgewogenheit des Körpers nach dem Vorbild des Athleten sucht, auch die Ausgewogenheit des Geistes suchen muß, was so viel heißt wie die Beine dessen trainieren, der kräftige Arme hat. Übrigens schlägt man diesen Weg ein, wenn man die Zurückgebliebenen unterrichtet, die keine besonderen Fähigkeiten haben. Auf diese Weise handelt man gemäß der Urteilskraft, aber man wagt es nicht zu sagen; denn der Herr Vernunftschluß klassifiziert die Menschen wie Werkzeuge; und es ist verboten, das Thermometer zurückzuweisen. Deshalb wird es immer eine geheime Doktrin geben.

3. Dezember 1931

Unaufmerksamkeit ist nicht weniger schwierig als Aufmerksamkeit. Aber das Beispiel jener großen Unaufmerksamkeit, die der Schlaf ist, zeigt, daß man sich über die Schwierigkeit nicht täuschen darf; denn wenn man sich bemüht einzuschlafen, vertreibt das den Schlaf. Es darf nichts Gereiztes in der Verweigerung des Aufmerkens liegen; es genügt ganz einfach, alle Dinge und das Gedächtnis selbst auszulöschen; keine Pläne mehr schmieden; das Gespräch, das die Dinge mit uns führen wollen, abbrechen. Ein Mensch, der seinem Verstand freien Lauf läßt, ist niemals imstande zu schlafen; stets wird er eine Kleinigkeit finden, die nicht erledigt, ein Problem, das nicht gelöst, eine Vorsichtsmaßnahme, die nicht getroffen worden ist; weigerte er sich aber, sich länger für diese Dinge zu interessieren, bedeutet das, daß er aufhört, sich für sich selbst zu interessieren. Es liegt Seelengröße im Schlaf, doch ohne jede Anspannung. Man bewundert den Helden, der schläft, wann er will, und zwar gerade dann, wenn die Dinge uns am Schlaf hindern möchten. In dieser Hinsicht sind wir alle ein wenig Helden; denn nicht weil ein Mensch schläft, hört die Erde auf, sich zu drehen, und hören die Probleme auf, dringend zu sein; der Mensch ist es, der sich von allem abwendet wie ein Minister, der durch eine Tapetentür entschwindet.

Schlaf, Abwendung, Ablehnung; der ganze Geist der Welt liegt vielleicht in dieser guten Verwaltung der Gleichgültigkeit. Geist nennt man das Ablehnen des

Tragischen und sogar des Ernsthaften. Das ist ein Ärgernis für die gefurchten Stirnen, für die prophetischen Stirnen in der Form des Sinai; aber diese Denkagenturen machen fast alle Bankrott. Anstrengung ist sehr trügerisch, sogar im Handwerk. Der Handwerker lernt, nicht immer mit Druck zu arbeiten. Mit leichter Hand einen tüchtigen Schlag mit dem Hammer auszuführen hat bereits etwas von einem ziemlich verborgenen Geheimnis. Ein lebhafter und kluger Blick ist von gleicher Art. Dazu bedarf es zunächst einer tiefen Ausgeruhtheit und gleichsam eines Loches aus Schlaf. Sich anstrengen ist der einzige Fehler; aber ich glaube nicht, daß man das anderswo als bei Platon lernen kann. Der ernste Leser glaubt, Platon mache sich lustig. In Wirklichkeit ist seine Art, in Mythen zu sprechen, eine ständige Vorsichtsmaßnahme gegen den Ernst. Die Angestrengten sind beschränkt. Voltaire ist beschränkt in der *Henriade*, nicht aber in *Candide*; und vielleicht wußte er selbst nichts davon und wäre jetzt, wenn er zurückkehrte, sehr erstaunt zu sehen, was man von ihm noch liest und was man nicht mehr liest. Ich weiß, daß man ohne Fleiß kein Dichter ist; man hat es mir gesagt. Aber die List des Dichters, die er gegen sich selbst anwendet, kann ihn sehr täuschen. Seine Kunst besteht vielleicht darin, den Fleiß unterhalb der Gedanken zu halten, im Bereich der Reime, des Gesanges, der Bewegung, was die Eigenliebe einschläfert und den Wunsch, erstaunen zu lassen; was ihn auch davor bewahrt, die Idee zu schnell zum Abschluß zu bringen, ein Fehler, der allen Sträflingen des Denkens gemein ist.

Ich möchte hier ein Wort Paul Valérys festhalten, das andernfalls verlorenginge. Als wir denselben Gedanken nachgingen und ich ihm sagte: »Die Schwierigkeit liegt nicht im Machen, sondern im Auflösen«, unterbrach er mich und verdeutlichte seinen Gedanken: »Haben Sie schon mal Zigaretten gedreht? Ja? Sehen Sie, es handelt sich darum, aufzulösen und immer wieder aufzulösen und sich sogar zu weigern, etwas machen zu wollen. Dann kommt sie zustande, ohne daß man daran denkt.« Im Genie, sagte ich mir daraufhin, gibt es eine große Gefahr des Talents. Und ich träumte davon, die *Junge Parze* zu schreiben, wie sie nie geschrieben worden war, ganz aus ehrenwerten Versen und im Schweiße meines Angesichts. Die wirkliche *Junge Parze*, so wie wir sie besitzen, ist genau das Gegenteil davon. Die lange Zeit bedeutet nicht Zwangsarbeit, ganz im Gegenteil. Man braucht Zeit, um die Aufmerksamkeit auf Formen, die sich zu früh aufdrängen, abzuweisen.

Alles gelungene Tun ist prompt und ohne Änderungen. Ich sehe darin Leichtigkeit und eine Art Lässigkeit. Das nennt man Anmut, und es gibt keine Kraft ohne Anmut. Eine schöne Zeichnung erklärt diese Dinge und läßt sie sogar ins Auge springen. Denn man findet daran nichts Schwieriges. Wie es nicht schwierig ist, mit der Hand ein vertrautes Ding zu ergreifen, das einem vor den Augen liegt, so gibt es keinen Grund, daß man in der Zeichnung die Linie verfehlt, es sei denn durch ein Zittern oder eine Reflexbewegung, die die Geste ein wenig ablenkt, und oft sogar eine Art Ungeduld oder Zorn, die sich im Strich zeigt. Der Lehrling kennt zur Genüge die Früchte wütender Aufmerksamkeit. Wird er es lernen, auf die Anmut zu warten und die Begierde zu gefallen zu dämpfen? Nach meiner Meinung ist ein richtiger Gedanke wie eine schöne Zeichnung. Sie entspringt einem tiefen Frieden und einer ruhigen Arbeit, die nebenher läuft oder auch darunterher wie lesen, abschreiben, rechnen. Der Hund bleibt überall stehen, der Mensch nicht.

1. Januar 1932

Faschismus

Was sagt man nicht alles über den Faschismus? Selbst seine Gegner schönen ihn noch; man möchte manchmal sagen, daß sie ihn beneiden. Der Ehrgeizige kann sich nämlich nicht zurückhalten, eine furchtbare Macht zu bewundern, die keine Hindernisse kennt. Zum Beispiel befiehlt der Tyrann, daß die Kosten für Lebensmittel um die Hälfte gesenkt werden, und Gefängnis für den, der eine Hammelkeule für siebzig Francs und ein Hähnchen für vierzig Francs verkaufen will. Das findet Beifall. Man möchte selbst über diese gleichsam göttliche Macht verfügen und sie zum Besten des Volkes ausüben, für die Gerechtigkeit und sogar für den Frieden. »Denn«, so sagt der Ehrgeizige, »wodurch werde ich eigentlich daran gehindert, das Gute zu tun? Durch die allgemeine Unruhe, die töricht ist; durch die Zeitungen, die alles Mögliche drucken; durch die kleinen Rivalen, die nur darauf lauern, mich zu Fall zu bringen; durch die öffentliche Meinung, die wie eine Welle ist, die vordringt, zurückweicht, ohne je etwas zu leisten; wahrhaftig, die parlamentarische Republik kann sich unmöglich von der Stelle bewegen; bei dem geringsten Bemühen erhebt sich ein Geschrei, und alle stimmen ein, ohne überhaupt zu wissen, um was es geht. Das war leicht vorauszusehen. Dieses Zulassen der Kritik, dieses Geheul, das sich sofort erhebt, diese Einsprüche der Körperschaften, diese drohenden Delegationen, all das stellt sich allem entgegen und verhindert alles. In Wahrheit ist der Chef in solch einer Gesellschaft, die sich unmöglich voranbewegen kann, obgleich alles in Bewegung ist, der abhängigste und ohnmächtigste von allen Menschen. Ich beneide Cäsar.«

So weit sind wir gekommen. Die Macht, die sich auf den brutalsten Zwang gründet, ist das, was man beneidet, ist das, was man bewundert. Die Macht, die sich auf Zustimmung gründet, vermag kaum etwas; das ist wahr, und es war abzusehen. Aber dagegen vermag die Macht, die sich auf sofort angewendete Folter gründet, alles. Der stolzeste Geist findet sich alsbald gedemütigt und kriecht zu Kreuze. Die Angst geht überall um und fördert die Bereitschaft zu bewundern. Der Mensch ist ohne Widerstand gegen den Geist des Faschismus, der so entschlossen ausgerichtet ist, der nicht einmal droht, der ein Dutzend brutaler Kerle zusammenrafft und sie auf den Menschen losläßt, der es gewagt hat, frei zu sprechen oder zu schreiben. Schlagen, zu Tode prügeln, das ist noch wenig; man weiß, daß es ausgeklügeltere Mittel gibt, jemanden für immer zu demütigen und auf jeden Fall für immer zum Schweigen zu bringen. In der Republik ist es üblich, niemals solche Mittel anzuwenden; sie haben im Faschismus nur um so mehr Gewalt. Sie treten alsbald das Hindernis nieder, und dann beseitigen sie es, das heißt den Menschen, der Widerstand leistete. Und was gibt es Einfacheres, sobald die Sitten an Kraft verloren haben? Was gibt es Einfacheres, sobald man auf den Gedanken kommt, sich selbst zu schützen? Erschreckende Überzeugungsmacht des grausamen Menschen, der nie zögert zu bestrafen und der die Bestrafung stets zum Äußersten treibt unter der Herrschaft eines Zorns, der sich selbst erhält und sich selbst aufpeitscht wie in einem düsteren Schauspiel. Was mich betrifft, so verabscheue ich ein Gesicht, das, wenn auch nur im Reflex, den hundertsten Teil dieses Geistes der Befehlsgewalt ausdrückt.

Nun, von dem Tage an, da diese Macht zuzuschlagen beginnt, vermag sie alles, wie die Soldaten so oft verspürt haben. Aber ja! Sie sagten sich, daß es kein anderes Mittel gebe, um zu siegen; daß diese Strenge eine Waffe sei wie das Maschinengewehr und die Granate, und wenn man sich einmal auf das Spiel eingelassen habe, müsse man siegen. Und in der Tat hat diese militärische Macht Wunder gewirkt; sie hat es sogar fertiggebracht, daß man sie liebt. Ebenso wird die faschistische Macht, die nur militärische Macht ist, die in allem und über alle ausgeübt wird, immer Wunder wirken, wovon das erstaunlichste (und im Grunde leichteste) darin besteht, sich Beifall spenden zu lassen; abgesehen davon, daß sie alles, was sie beschließt, auch tut, und vielleicht sogar das Gute, vielleicht sogar Gerechtigkeit schafft; denn der Tyrann hat hinsichtlich der Resultate keine Vorurteile; er hält sich nur an die Mittel, und sobald man ihn bewundert, weil er mit Hilfe äußerster Ungerechtigkeit gerecht ist, brüstet er sich auch mit der Gerechtigkeit. Und die kleinen subalternen Tyrannen brüsten sich mit Bewunderung; und die Dummen reißen Mund und Augen auf. Daher eine Trunkenheit des Verrats, die in meinen Augen verächtlicher ist als die Trunkenheit des Weins.

16. Juni 1934

Die Intuition

Es liegt Gefühl und sogar Vorgefühl in der Intuition, ohne das hätte sie keine Gewalt über uns; aber es liegt in ihr auch ein Scharfblick des Geistes oder der Sinne, der sein Objekt auf der Stelle durchdringt, woraufhin es uns gut erscheint oder schlecht, günstig oder verdächtig in derselben Art, wie uns eine Linie abweichend oder ein Fenster schlecht plaziert erscheint; wofür wir keine Beweise erbringen können, nicht einmal für uns selbst; wir wissen nur, daß wir so fühlen und sehen, und vielleicht ahnen wir auch, daß wir uns dieser Intuition anvertrauen werden, sei es, um anzunehmen, sei es, um abzulehnen, ob es sich nun um ein Vorhaben oder einen Menschen handelt. So hebt sich die Intuition ebenso von der Erfahrung wie vom Vernunftschluß ab. Die Intuition kommt zur Anwendung in einem neuen, unvorhergesehenen, dringenden Fall. Auf den ersten Blick empfindet man Vertrauen oder Freundschaft zu einem Menschen. Auf den ersten Blick beurteilt man ein Vorhaben; man sieht es steigen und wachsen, oder man sieht es fallen. Übrigens verbindet sich das Vorhaben fast immer mit einem Menschen; wir beurteilen sie zusammen, ohne in Erinnerungen zu kramen, ohne uns auf vertraute Regeln zu berufen, ohne weitere Information zu begehren; solcher Art ist die Intuition.

Der entscheidende Vorteil, den ich darin sehe, besteht in dieser Zukunft von Vertrauen in uns selbst, das uns vor Unentschlossenheit bewahrt. Denn man muß wissen, daß es für Unentschlossenheit kein Heilmittel gibt. Ob man Überlegungen anstellt, ob man Analogien in der Erfahrung sucht, diese Mühe ist endlos, und sie wird notwendigerweise durch den Zweifel erhellt; deshalb läßt auch langes Überlegen eine Ablehnung voraussehen. Wir sind erstaunlich begabt, Argumente zu erfinden; wir plädieren für oder wider; das ermüdet uns. Wohingegen wir unser ganzes Leben demjenigen Dank wissen, der uns auf Anhieb gefallen hat; und dieses Kapital guter Laune ist zweifellos kostbarer als alle Garantien. Hinzu kommt die Zeitersparnis. Ich verstehe, daß jemand, der ein hohes Amt bekleidet, seiner Entscheidung die Form eines Dekrets gibt und es sich sogar verbietet, darauf zurückzukommen. Was abgelehnte Angelegenheiten und abgelehnte Menschen betrifft, so wird das alles vergessen; niemand kann sagen, was bei einer anderen Wahl eingetreten wäre; man denkt kaum daran; man kann sich immer sagen, denn das ist ganz klar, daß man schlecht mit einem Menschen zusammengearbeitet hätte, der einem auf den ersten Blick mißfallen hat.

Aber folgen wir der tatsächlichen Angelegenheit, der, für die wir uns entschieden haben, die immer von einem Menschen getragen wird, für den wir uns entschieden haben. Die großen Chefs, die ihren eigenen Entscheidungen vertrauen und die gleichsam darauf schwören, sich nicht getäuscht zu haben, haben, scheint mir, eine große Kraft, den Menschen, deren sie sich bedienen, zu ihrem Wesen zu verhelfen. Denn es ist erstaunlich zu sehen, wie sehr wir unserer selbst leicht ungewiß sind und uns bis in unser Innerstes fehl am Platze fühlen durch uns betreffende Meinungsänderungen. Ein Mensch, der in seinem Urteil über uns fest und sogar unerschütterlich ist, schenkt uns Kraft und Festigkeit. Es kommt selten vor, daß man den verrät, der uns ganz vertraut; dagegen ist Mißtrauen eine Entschuldigung und geradezu ein Grund für Verrat. Daher wünsche ich Ihnen, daß Sie auf der Stelle abgelehnt oder angenommen werden. Ein freimütiger Start bestimmt ein ganzes Leben. Es gibt keinen Menschen, der sich nicht täuscht; dennoch ist es schon viel, nicht leichthin anzunehmen, daß man sich getäuscht hat; und diese Bedingung bewirkt, daß man sich tatsächlich weniger täuscht: durch den energischen Impuls, den man denen mitgibt, für die man sich entschieden hat. Soviel für den Herrn.

Was den Untergebenen betrifft, wenn er die Intuition einer natürlichen Übereinstimmung zwischen seinem Herrn und sich hat, so gewinnt er viel, gewinnt sogar alles. Denn es gibt zwei Arten, den Dienst aufzufasssen. Man kann kritisieren und sogar innerlich alles ablehnen, was von oben kommt, nur die Mängel, die Zusammenhanglosigkeit, die Kleinlichkeiten sehen; an Beweisen dafür mangelt es nie. Aber diese Geisteshaltung taugt nichts und führt zu nichts. Die Militärs, die sich in dieser Frage von Grund auf auskennen, wirken darauf hin, daß Anerkennung und sogar Bewunderung Teil des Gehorsams werden. Wenn man sich daher gleichsam von einem günstigen Wind zu seinem Herrn getragen fühlt, wenn man sich ohne jeden Beweis geneigt fühlt, ihm einen uneingeschränkten Vertrauensvorschuß zu gewähren, so ist diese Situation aus sich heraus gut und sollte jeder anderen vorgezogen werden. Denn man kann gar nicht gut genug wissen, daß Anerkennung nicht nur denjenigen besser macht, der sie schenkt, sondern sogar denjenigen, auf den sie sich richtet; wohingegen ich allen Grund habe anzunehmen, daß Tadel nie zu etwas gut ist. Es ist also ein ungeheurer Vorteil, wenn man kann, mit Menschen zu arbeiten, für die man sich ohne Zögern und aus der ersten Regung heraus entschieden hat; dieser glückliche Anfang bleibt fast immer erhalten. So werden Freundschaften geschlossen, nicht mit Vorsicht und Prüfung, vielmehr aus instinktiver Wahl, die zum Guten führt, weil man sich ihr anvertraut. Natürlich kann man den Glauben nicht erzwingen; wenn man ihn aber hat, muß man in ihm das einzige, das wahre Vorzeichen sehen.

17. Oktober 1934

Die vier Tugenden

Das Wort Tugend* hat zunächst dies für sich, daß es eine wunderbare Mehrdeutigkeit einschließt, sogar in seinem gewöhnlichen Gebrauch. Jedermann begreift, was die Kraft* einer Pflanze ist; das ist eine Wirksamkeit, die der Pflanze innewohnt, die niemals täuscht, die niemals fehlt, die man in ihr ganz sicher antrifft. Tugend, wie immer man sie auch verstehen mag, ist stets Kraft. Und andererseits ist Tugend stets Verzicht. Dieser Widerspruch läßt die mutlosen Geister verzagen; er sollte aber vielmehr anstacheln, aufwecken, provozieren, und wenn es nur des guten Stils wegen wäre. Tugend ist gewiß nicht Verzicht aus Unvermögen, sondern eher Verzicht aus Kraft. Wenn ich zu ängstlich oder furchtsam bin, jemanden zu betrügen, dann ist das keine Tugend. Wenn ich mutig bin aus törichtem Zorn, ist das keine Tugend. Wenn ich aus Feigheit resigniere, ist es keine Tugend. Tugend ist Macht aus sich heraus und über sich. Niemand ist stolz darauf, sich zu unnützen Beschuldigungen hinreißen zu lassen; niemand ist stolz darauf, nicht zu wissen, was er sagt; niemand ist stolz darauf, die Zunge heraushängen zu lassen angesichts eines Vergnügens, wie man es bei Hunden vor der Tür des Fleischers sieht; niemand rühmt sich, seine Ansichten nach dem Geld zu richten, das er verdient; niemand schmeichelt gern

* Alain verwendet in beiden Fällen das Wort vertu, das sowohl Tugend als auch Kraft bedeuten kann. (Anm. des Übers.)

seinem Herrn. Sagen, was man denkt, und zunächst prüfen, was man denkt und was man sagt unter Umständen, in denen man weiß, daß man dabei verlieren wird, das ist Tugend.

Die Alten lehrten vier Tugenden; das heißt, daß sie vier Feinde der Selbstbeherrschung wahrnahmen. Der schrecklichste ist die Angst, denn sie verfälscht Tun und Denken. Der Mut ist also der erste Aspekt der Tugend, der am meisten geehrte; wenn die Gerechtigkeit sich immer in der Erscheinung des Mutes zeigte, gäbe es mehr Gerechtigkeit. Gerecht sein, wenn man jemandem trotzt, ist leichter, als sich selbst gegenüber gerecht zu sein. Und woher kommt diese Heftigkeit im Mut? Vielleicht daher, daß die Mutprobe kein Gegenstand für eine Auseinandersetzung ist. Es geht darum, eine gefährliche Tat zu tun, und zwar ohne sich in irgendeiner Weise davon abbringen zu lassen, sei es durch Zögern, sei es durch Übereilung. Das erkennt man am Gesicht, an den Händen, an der Stimme. Daher hat man seit Menschengedenken zugelassen, daß jeder beliebige aufgefordert werden konnte, eine Mutprobe abzulegen, und daß niemand angesehen war, es sei denn unter dieser Bedingung. Duelle und Herausforderungen sind ein wenig in Vergessenheit geraten; nicht ganz; aber die Mutprobe beherrscht die Menschen noch immer; die Aufforderung zum Krieg ist schwer zurückzuweisen, und zwar aus diesen Gründen.

Der andere Feind des Menschen ist das Vergnügen; daher ist die Mäßigkeit die Schwester des Mutes. Die weniger geehrte Schwester. Und warum? Weil die

Mäßigkeit, die immer darauf hinausläuft abzuweisen, daher kommen kann, daß man nicht genügend begehrt, oder auch daher, daß man zu sehr die Folgen fürchtet; das ist keine Kraft; das ist keine Tugend. Ein Geiziger ist nüchtern aus Sparsamkeit gegenüber dem eigenen Leben und aus einer Art inneren Elends. Daher wird diese Tugend der Mäßigkeit leicht verdächtigt; und auch an sich; denn jede Verschwendung genießt das Ansehen des Mutes. Der Mensch zögert also im Angesicht der Mäßigkeit, dieser verschleierten Tugend.

Reichtum nimmt uns gefangen. Wir beneiden ihn, und schon sind wir Sklaven; wenn wir ihn besitzen, hält er uns noch fester. Wir wollen dann an allem verdienen, das heißt, weniger geben oder mehr erhalten. Und die Tugend oder innere Kraft, durch die wir diesem Köder des Stehlens widerstehen, ist die Gerechtigkeit. Keine durch Gendarme und Richter erzwungene Gerechtigkeit, sondern freie Gerechtigkeit, Gerechtigkeit an und für sich, und unter der Voraussetzung, daß niemand davon weiß. Diese Tugend ermüdet uns durch Ungewißheit, denn wir fühlen uns von allen Seiten bestohlen und uns selbst als Diebe, oft, ohne es zu wollen, allgemein gelobt. Deshalb sagte ich, daß ein durchschnittlicher Mensch mehr darauf aus ist, seinen Mut zu beweisen als seine Gerechtigkeit; was zum Teil das Paradox erklärt, daß der Mensch leichter sein Leben hingibt als sein Geld.

Wenn man diese drei Tugenden bedenkt, bemerkt man, daß sie gleichsam die Schatten sind, die von der vierten geworfen werden, der Weisheit; denn es handelt sich immer darum, nicht getäuscht zu werden und seinen Geist ungetrübt zu erhalten; und die erste Wirkung der Leidenschaften besteht darin, uns zu blenden. Daher besteht die erste Tugend darin, richtig zu urteilen, gut zu unterscheiden, zu wissen, was man von uns will, was man uns verspricht, was für uns wichtig ist, was wir wollen und was wir nicht wollen. Und es ist klar, daß diejenigen, die uns führen wollen, zunächst unsere Aufmerksamkeit erschrecken, ermüden und entmutigen durch ein Feuerwerk brillanten und geräuschvollen Scheins, durch Lob, Beleidigung, durch Sarkasmus, Beschämung, durch Drohung. Und in der Tat ist es unter dem Namen Tugend stets das Urteil, auf das man es abgesehen hat. Es gibt nur eine Tugend, und das ist die freie Haltung des Geistes gegenüber sich selbst. Es ist, um es recht zu sagen, die Selbstachtung, die sich unter den Tugenden verbirgt. Ein tugenhafter Mensch ist ein Mensch, der weiß, daß er Geistträger und verantwortlich für dieses hohe Merkmal ist. Daher glaubt der Weise nur sich selbst und genaugenommen nur seinem Geist; das führt so weit, daß man sagen könnte, Tugend sei nichts.

19. Januar 1935

Die Schule

Die Kinder gehen in die Schule, beladen mit dem Ehrgeiz ihrer Eltern. Das wiegt schwerer als ihr Ranzen. Es ist sicher, daß man von dem Kind immer mehr erwartet, und das ermüdet es oft. Und dennoch muß die Erziehung damit beginnen. Wie sollte das Kind dahin gelangen zu sprechen und zu verstehen, wenn man es dazu für unfähig hielte? Jedoch ist man sich, weit davon entfernt, einig, es als ein wunderbares Genie anzusehen, das nichts Unbedeutendes hervorbringen kann. Durch diesen großen Kredit, den man ihm gibt, gelangt man dahin, es zu verstehen, bevor es überhaupt weiß, was es sagt. Diese Hochherzigkeit, die gleichsam rituell ist, ist den Frauen eigen; der Mann glaubt nicht so leicht an das Originalgenie, und stets hört er mißtrauisch den Erfindungen des kleinen Kerls zu. Dennoch möchte er gern daran glauben, und die Mutter überzeugt ihn davon. Ich sehe diesen Unterschied zwischen Mutter und Vater darin, daß die Mutter sich mit der Umgangssprache und den Höflichkeitsformeln zufrieden gibt, worin sie vielleicht recht hat, denn das ist der große Schritt, und das ist der große Weg zum Denken; wohingegen der Vater sich eine Vorstellung vom Wissen macht, die ernster und sogar ein wenig traurig ist, entsprechend seinen eigenen Enttäuschungen.

Die Mutter lehrt zunächst das, was man ohne Mühe lernt; und das ist die Literatur. Der Vater möchte lehren, was Wissenschaft oder Handwerk ist und was

Fleiß erfordert, aber es gelingt ihm nicht; als ob das Wissen nicht vom Vater auf den Sohn übergehen könnte, sondern nur die Routine. Die Gründe dafür liegen in dem Ehrgeiz des Vaters, der zuviel verlangt, der möchte, daß sein Sohn von dort ausgeht, wo er selbst sich befindet, und der schließlich allen Schritten des Geistes einen Hauch von Andacht verleiht. Diese Achtung ersetzt sogar die Prüfung; daher gelangt das Kind bestenfalls dahin nachzuahmen. In diesem vergeblichen Bemühen, aus ihnen beiden die ideale Schule zu bilden, fehlen Vater und Sohn ein Schuß Gleichgültigkeit und etwas Unparteiisches. Sie lieben sich zu sehr, sie haben es zu eilig, sie sind zu schnell beleidigt, das Kind durch eine Strenge, die es nicht aus den Augen läßt, der Vater durch eine Leichtfertigkeit, die er übertreibt, die er nicht einzuschätzen weiß. Schließlich sagt das Kind ja, bevor es begriffen hat; die Erkenntnis ist nur noch ein Mittel; man hat nur noch die Wahl zwischen achten und verachten; nun, sowohl das eine als auch das andere Gefühl sind der direkten Prüfung zutiefst fremd; auf diese Weise bildet sich der Geist nicht. In der Tat gelingt der natürliche Versuch der Unterrichtung des Sohnes durch den Vater nie. Die Schule wird also durch die Natur selbst eröffnet.

Hier in der Schule findet man Geduld; hier findet man Gleichgültigkeit, freie Wahl sogar in der Zuneigung und schließlich das, was man zerstreute Arbeit nennen muß, anstelle der fanatischen Aufmerksamkeit, die den Geist aussperrt. Hier genießt das Kind nicht mehr diese erdrückende Gunst, die es verpflichtet, sich selbst zu überholen. Durch das Vergessen der

Übereilung wird die Zeit grenzenlos; der Geist ist nach allen Seiten hin offen. Die Schule ist der Augenblick der Muße, und das ist die Gewißheit, alles Mögliche aus sich herauszuholen, ohne daß man sich darum kümmern müßte. Im Grunde ist die Schwierigkeit, sich selbst zu unterrichten, dieselbe wie die, seinen eigenen Sohn zu unterrichten; man lauert dann auf die Ergebnisse, man erhofft zuviel, man verzweifelt an sich selbst, man gibt auf, man denkt schlecht von sich und vom Menschen. Der Fehler besteht darin, seinen Geist aufzufordern, ihn vorzuladen. Es gibt keinen Geist, der in dem Augenblick begreift, wenn er sich anstrengt.

All das Ernsthafte, sogar Tragische fehlt zum Glück in der Schule. Von Macht kann man sich darin nicht einmal eine Vorstellung machen; wenn sie Schweigen fordert, so ist das gleichsam nur eine physische Bedingung. Die Erhabenheit des Gefühls ist nicht mehr nötig; es scheint so, als ob der Lehrberuf für alles genügt; dieser Beruf wird geliebt; und das Kind ist davon befreit, geliebt zu werden; so ist dieses Gefängnis beschaffen; und in der Tat wird es nicht geliebt; aber man findet Gefallen daran. Der Geist findet dort die Luft, die er zum Atmen braucht. Es gibt in der Folge keine Altersstufe, keinen Zustand mehr, in denen man den Geist so nackt erkennt und so genau die Fähigkeiten eines jeden; und zwar frei von allen Leidenschaften. Der erste ist ganz klar der erste, als wäre er gewählt. Jeder beurteilt sich also und fühlt sich beurteilt; aber ganz ohne Schmerz, weil der Ehrgeiz vor der Tür geblieben ist. Zum erstenmal interessiert sich der Mensch für das Kind so, wie die Sonne alle Dinge erhellt. Es gibt keine Gunst, kein Mittel zu gefallen und auch keine wie auch immer geartete Schmeichelei. Diese Wirkung eines gleichmäßigen und ruhigen Lichts ist der Schule eigen; sie findet sich nirgendwo sonst. Diese Wirkung ist wunderbar. Es ist nichts anderes als die plötzliche Erscheinung der Gleichheit und der Gerechtigkeit. Daher kommt es, daß Schulfreundschaften die einzigen sind, die den Menschen nehmen, wie es sein muß. Haben Sie schon einmal bemerkt, daß ein mittelmäßiger Schüler, wenn er einem guten wiederbegegnet, eher geehrt als gedemütigt wirkt? Mit der Erinnerung an die Schule lebt nämlich eine Zeit wieder auf, in der die Gerechtigkeit nie durch einen Verdacht befleckt wurde, wo der Mittelmäßige eigenständig den Überlegenen krönte ohne Befangenheit und ohne jede Spur von Neid. Man beneidet nur die Gunst, man beneidet nur die Ungerechtigkeit, von der man nicht profitiert hat. Solcher Art ist also die furchtbare Prüfung, der der kleine Mensch die Stirn bietet, beladen mit Ehre und mit Gunst, Dingen, von denen er weiß, daß sie unnütz sind im Angesicht Minos'.

2. Februar 1935

Poesie als Epos

Episch ist das, von dem man nicht weiß, wohin es einen führt. Das Epische ist der Lauf in den Abgrund. Wer glaubt, steht außerhalb des Epischen; wer glaubt, will sagen, wer weiß, daß ihn Belohnung erwartet, hier oder anderswo; wer sich sagt, daß die Vorgesetzten gerecht sind, daß die Dinge gerecht sind, daß die Götter gerecht sind. Der Fanatismus ist nicht episch. Das Epische besteht darin, etwas Törichtes zu unternehmen, wohl wissend, daß die Vorgesetzten undankbar, die Götter abwesend sind, daß der Zufall regiert; und sich an diesem Nichts zu berauschen. Die *Ilias* ist das Epos im Reinzustand. Denn ihre Helden sagen weder, daß sie etwas Großes, noch, daß sie etwas Dauerhaftes unternehmen. Sie sagen sogar das Gegenteil. Und der Dichter gibt es uns mit jedem Schritt zu verstehen. Die Götter spielen. Selbst Jupiter mit seiner großen Kelle teilt Gutes und Übles nach Belieben aus. Zu diesem Guten und Üblen, das wie Regen herabfällt, gehören Mut und Angst. Der Mensch gelangt schließlich dahin, auf nichts mehr stolz zu sein. In dieser erschreckenden Nacktheit des Körpers und der Seele ist er dennoch stolz; vielleicht stolz darauf, an nichts mehr zu glauben. Dieser Gedanke versetzt ihn in Zorn, und wehe dem, der sich ihm in den Weg stellt!

Ich glaube, daß alle Kriege von dort ihren Ausgang nehmen. Denn die Praxis des Krieges löscht die Ansicht, das Recht würde schließlich triumphieren, ganz und gar aus. Bei diesem Einsatz gibt es nur Schläge, Muskeln, Blut, Kräfte, und all das spielt sich ohne jede Hoffnung ab. Dieser Standpunkt ist stärker, als man glauben möchte. Der Mensch macht sich nicht mehr die Mühe, alle Elemente einer Illusion an ihrem Platz zu halten. Wer sich selbst widerlegt hat, fürchtet nicht mehr, widerlegt zu werden. Er hat keine Angst mehr vor diesem verräterischen Geist, der die Ansichten wechselt. Er ist frei, er fühlt sich frei, er setzt sich ganz aufs Spiel, weil er es will. Eben das will er. Weil er aber nur sich hat, findet er, daß nicht genug damit getan ist zu wollen; er will, und so löst sich die Tat von ihm wie ein Pfeil. Jede Tat ist ohne Furcht und vollzieht sich blindlings. Denken Sie an den, der ein Pferd zureitet. Das Pferd hat keinen Schwur getan; der Mensch aber. Beide kämpfen um ihr Leben. Von diesen beiden jedoch verteidigt nur der Mensch ein zweites Leben, seinen Vorsatz, den er über sein Leben gestellt hat. Die Vorsicht des Tieres hat im voraus verloren.

Sogar das Abenteuer des Dichters ist episch. Die Strophe liegt im voraus fest. Das Spiel mit dem Reim ist eine Art stupider Wette. Gewiß, es ist nicht schwierig, schlechte Verse zu machen, aber es ist unmöglich, daraus gute zu machen; unmöglich schon als Vorhaben. Tatsächlich gewinnt der echte Dichter und gewinnt immer wieder, vergleichbar einem Menschen, der sein Leben aus einer unüberlegten Handlung rettet und wieder aus einer anderen. Aber das garantiert ihm noch nichts. Wer einmal gesiegt hat, ist deshalb noch nicht gesichert; ja, im Gegenteil, siegen heißt immer auch ein wenig sterben. Ebenso ist der Dichter keineswegs sicher, ob ihm die folgenden Verse gelingen werden. Im Gegenteil, je mehr er gewonnen hat, desto mehr muß er darauf gefaßt sein zu verlieren. Er hat so viele Reime und so viele Wörter abgenutzt! Ähnlich wie Patroklus fühlt er sich verloren, eben weil er so viel gesiegt hat. Und dennoch will er nicht aufgeben. Er schlägt sogar an den Fels. Und dieser Fels des Dichters ist die Sprache, und die ganze Sprache hallt wider. Er leistet sich unerhörte Zufälle wie jene Melodien in den schwingenden Glocken. Das Gedicht wartet, das Gedicht ist unersättlich. Das ist die epische Bewegung, die der epischen Handlung ähnelt. Daher gibt es etwas Episches in jedem Gedicht, oder es ist nichts.

Der Mensch legt sich immer etwas zurecht; und dieses Wort bedeutet ein wenig Vorsicht und Mogelei. So legt sich der Krieger sein Schicksal zurecht. Er hat seine Augenblicke, in denen er vorsichtig ist; er denkt daran, zu erobern und zunächst sich selbst zu retten. Er sieht sich bereits pflügen oder seinen kleinen Garten umgraben. Mit solchen Gedanken macht man keinen Krieg. Nur mit Stolz und Verzweiflung stürzt man sich in ihn hinein. Auch der Dichter legt sich etwas zurecht, und zwar in dem Sinne, daß er sich eine Strecke vorgibt, einen Durchblick, eine Idee; doch das heißt in Prosa denken und diese Prosa dann in Verse umsetzen. Eine solche Methode hat nie ein Gedicht hervorgebracht. Alle flachen Verse sind so gemacht, und nichts fällt so ins Auge wie ein flacher Vers; man sieht nur ihn. »Warum schreibt er denn nicht in Prosa?« so sagt der gesunde Menschenverstand. »Warum so viel Mühe?« sagte Cineas zu Pyrrhus. Der Dichter versteht dieses Wort nicht. Er sagt sich: »Noch dieses Gedicht.« Jedesmal steht sein Ruf auf dem Spiel. Jedesmal steht sein Mut auf dem Spiel. Und nichts zwingt ihn. So sieht man ihn denn manchmal warten. Worauf? Ich nehme an, er wartet auf die Eingebung. Aber Genie und Mut kommen nur zu dem, der einen vollen Einsatz wagt; Genie stellt sich erst in der Schlacht ein; Genie kommt erst nach dem ersten Schritt. Daher muß man, wenn Genie und Mut fehlen, zu dem gefährlichen Abenteuer aufbrechen. Und so haben gewiß die Kreuzfahrer und Haudegen aller Herren Länder ihr Bündel geschnürt und sich auf den Weg gemacht. »Vorwärts«, sagen die Feldwebel. Mit diesem Wort bringt Goguelat, der Infanterist der Großen Armee in Balzacs *Landarzt*, seinen Zuhörern in der Scheune zum Ausdruck, daß man immer wieder aufbricht und von neuem beginnt. Wohin, wie, warum, das ist Sache der Feldwebel, die übrigens selbst nicht darüber nachdenken. Es ist schön, ruhig zu verharren ohne anderen Grund als den, daß man selbst ruhig ist. Man setzt sich ein, so etwa sagte der Kaiser, und auf diese Weise entdeckt man das Schicksal. Tatsache ist, daß man die Notwendigkeit nicht besiegen kann, solange man sich nicht mit der Notwendigkeit einläßt. Stellen Sie sich einen Dichter vor, der Ordnung in seine Gedanken bringt; auf diese Weise wird er nie auf die Notwendigkeit stoßen, die stets tiefer liegt. Er wird im Geiste singen. So ist der flache Dichter. Der wahre Dichter aber läßt das Menschliche über das Unmenschliche hinlaufen; so erhebt sich denn die ganze Natur und läuft mit ihm. Der Reim, dieser Tierschrei, und das Echo, dieser Schrei der Steine, gemeinsam veranstalten sie die Jagd Pans.

1. August 1935

Vom Wert eines Zeitplanes

Eines der Mittel, eine Aufgabe zu bewältigen, die einen erdrücken könnte, ist das Vertagen, das heißt, nur an eine Sache auf einmal denken, und an jede Sache nur in dem Augenblick denken, den man, um sich mit ihr zu beschäftigen, festgelegt hat. Das heißt, man muß einen Zeitplan haben und nie von ihm abweichen. Aber diese Regel ist eine der strengsten Prüfungen des Willens. Denn kaum ist ein Zeitplan aufgestellt, scheinen sich alle Zufälle der Welt, Dinge und Menschen, verständigt zu haben, um ihn zunichte zu machen. Diese scheinbar so dringenden Fragen, die von allen Seiten auf den Geist einstürmen, muß man überwinden, indem man eine bestimmte Zeit und Stunde für unvorhergesehene Dinge festlegt. Das läuft darauf hinaus, daß man sich durch die Beanspruchungen nicht in Stücke reißen läßt. Nur muß man sich dann darauf verstehen, nicht an das zu denken, was einen belästigen könnte. Wie es klug ist, jemanden anzurufen und sich nicht anrufen zu lassen, ebenso muß man einer Zeiteinteilung folgen und die Leute, die es eilig haben, ignorieren.

Die Arbeit ist es, die all die lästigen Fliegen vertreibt. Auch darf man niemals denken, ohne zu arbeiten. Daher eine andere Regel, auf die ich oft hingewiesen habe, daß man nämlich versuchen muß, das In-Gang-Bringen auf Null herabzuschrauben. Was das In-Gang-Bringen verzögert, ist oft eine Sorge materieller Art und vorausgehender Anordnung. Nun, es gibt nichts, was dem In-Gang-Bringen vorausgehen könnte. Die Sorgen, die man sich machen will und die man in alten Papieren zu suchen scheint, die man zwanzigmal durchgeblättert hat, sind Vorwände für das, was man geschäftige Faulheit nennen kann. Statt mitten in die Arbeit zu springen, die man sich für eine festgelegte Stunde vorgenommen hat, findet man alsbald eine wunderbare Freizeit des Geistes, eine Bereitschaft voller Zukunft und ein totales Vergessen kleiner und zweitrangiger Dinge. Und das ist das Glück desjenigen, der unter fremdem Befehl arbeitet wie Berthier unter Napoleon. Die dringenden Arbeiten folgen immerfort eine auf die andere, man ist immer ganz bei einer einzigen Aufgabe, zum Beispiel eine Division von hier nach dort zu verlegen, alle Befehle abzufassen, ohne etwas zu vergessen. Angesichts dieser kostbaren Aufgaben hat man keine Zeit, sich Sorgen zu machen; man muß entscheiden und immer wieder entscheiden. Aber wenn man Herr ist, hat man dieses Hilfsmittel, Befehle zu empfangen und sie sachgemäß auszuführen, nicht mehr; dann muß man sich selbst Befehle geben. Und dennoch ist es ein Fehler, alles selbst erledigen zu wollen; man muß einen Berthier ausgesucht haben, der ein einfacher Radfahrer sein kann. Marschall Pétain sagte, daß er, wenn er ein Unternehmen zu leiten hätte, ganz gleich welches, eine Zeitung oder ein Lebensmittelgeschäft, zunächst einen Generalstab zusammenstellen würde. Man muß anerkennen, daß die Militärs zu kommandieren und die Leute auszuwählen wissen; das kommt von der absoluten Macht, die sie ausüben, und auch von der Überfülle der zur Verfügung stehenden

Mittel; denn ebenso wie sie sechs Pferde haben, wo zwei genügen würden, haben sie auch immer drei Männer für einen. Daher glaube ich nicht, daß man es mit den Militärs aufnehmen kann; dennoch kann man einige gute Regeln von ihnen übernehmen. Marschall Joffre empfing eines Morgens einen neuen Abteilungsleiter für auswärtige Operationen, der damit begann, einen Augenblick lang Monastir auf der Karte zu suchen; das reichte dem Marschall, er wollte ihn nicht mehr sehen.

Man muß also auch Tyrann sein können. Aber ich glaube, daß die Macht unzulängliche Menschen einfach durch die Kraft einer gut geregelten Arbeit hinwegfegt. Skrupel kommen immer von unvorhergesehenen Gedanken, die man zuläßt. Und die Härte besteht darin, niemals zu prüfen, weil man keine Zeit zum Prüfen hat. Vor einer wunderbaren Maschine, die so gut einen unbeugsamen Willen ausdrückt, verschwindet der Mensch, der sie nicht bedienen kann, und gibt von selbst auf. Und es ist ein ungeheurer Vorteil geregelter Arbeit, daß man, ohne auch nur daran zu denken, auf alle Ausübenden einen unwiderstehlichen Impuls überträgt. Man muß sich sagen, daß der Mensch, von dem man auf die Minute genau weiß, was und wann er etwas fragen wird, und wenn es sich auch nur um seinen Anzug handelt, immer wunderbar bedient wird.

Ich darf die englische Methode des vollkommenen Ausruhens nicht vergessen; diese Kunst, nicht zu arbeiten, macht einen Teil der Arbeit aus; es gibt eine Stunde, ab der man sich weigert nachzudenken. Und das führt zur Kunst des Schlafens, die das Wesentliche der Kunst des Arbeitens ist. In dem berühmten Wort eines Mannes der Antike: »Die wichtigen Dinge morgen!« liegt mehr Tiefe, als man glauben möchte. Über den Zeitplan hinaus gibt es keine Angelegenheiten mehr. Und es ist das Schwierigste von allem, seinen eigenen Gedanken kein Gehör mehr zu schenken. Es geht darum, sich zu weigern, an das zu denken, was einem nicht aus dem Sinn will, selbst wenn man an nichts anderes denkt. Diese Mühe, einen Gedanken in sich zu tilgen, scheint zunächst trügerisch zu sein; aber sie hat Erfolg, vorausgesetzt, daß man nicht nachgibt, und es ist ein sehr vergnüglicher Sport, den Sorgen abzusagen. Die Hauptsache in all diesen Kraftübungen besteht darin, an seinen eigenen Willen zu glauben. Merken Sie wohl, das ist der Glaube selbst.

Mai 1936

Zu dieser Ausgabe

Band I der in der Bibliothèque de la Pléiade gesammelten *Propos* (© Editions Gallimard, 1956) wurden entnommen: Kallikles, Brachmond, Der Zweifel, Emphase in der Musik, Der Gewissensbiß, Die Bedingungen der Erfahrung, Das Rotkehlchen, Der vollständige Mensch, Der Vergleich als Stütze der Gedanken, Künstler und Handwerk, Gesang und Schrei, Malerei und Zeichnung, Die Pythia, Die Schönheit lebender Formen, Erfinden und Denken sind zweierlei, Mehrere Götter, Die geheime Doktrin, Die Intuition, Die vier Tugenden, Poesie und Epos.

Band II der Pléiade-Ausgabe (© Editions Gallimard, 1970) wurden entnommen: Esperanto, Calinos Laterne, Auf dem Ball, Der Stier, An der Pferdetränke, Wahre und Scheinbildung, Im Tacitus gelesen, Fatalismus, Gemeinsam in den Tod, Von der Kultur des Geistes, Im Schaufenster, Kunstwerke sind Kinder der Tradition, Widerstand und Gehorsam, Ein Trugschluß der Trägen, Kinderzeichnungen, Drei Klassen, Über Prosa, Jeanne d'Arc, Man muß sich hüten zu gefallen, Der Anspruch des Menschen, Die neue Lyra, Christophorus, Weihnachten, Mut, Hegel, Faschismus, Die Schule, Vom Wert eines Zeitplans.

Den *Propos sur l'esthétique* wurden Das Unbewegliche und Der griechische Tempel entnommen, den *Propos sur l'éducation* Vom Wert des Lateinischen, den *Propos sur la religion* Die Wahl Descartes' (© Presses Universitaires de France).

Umschlagabbildung: Chapman/The Image Bank

Nachwort

Der französische Philosoph Alain, eigentlich Emile Auguste Chartier, wurde 1868 als Sohn eines angesehenen Tierarztes in Mortagne-au-Perche in der Normandie geboren. Im Lycée de Vanves war er drei Jahre lang Schüler des Philosophen Jules Lagneau, bei dem er, wie er sagt, zwei Erfahrungen gemacht hat, die des Geistes und die der Ewigkeit: »In diesem Sinne war ich Spinozist und bin es noch«, lautet eine Tagebucheintragung aus dem Jahre 1940. Was für den jungen Goethe der Erbauer des Straßburger Münsters, was für Paul Valéry Leonardo da Vinci war, das war für Alain sein Lehrer Lagneau, die Begegnung mit dem Genius, die sein Leben bestimmen sollte. Er unterrichtete zunächst in einigen Provinzstädten und schließlich an dem berühmten Lycée Henri IV in Paris, wo Simone Weil zu seinen Schülern zählte. Er starb im Jahre 1951 in Le Vésinet bei Paris. Er gehörte keiner Schule an und gründete keine.

Von 1906 bis 1936 schrieb er mit Unterbrechung durch den Ersten Weltkrieg täglich und unentgeltlich für eine Zeitung seine Propos, eine literarische Form, deren Schöpfer er ist. Sie ist ein Mittelding zwischen gedrängtem Essay und Prosagedicht. Er hatte sich nämlich vorgenommen, Literatur in Philosophie und Philosophie in Literatur zu verwandeln. Den ganzen Reichtum dieser kurzen Prosastücke erkannte schon früh sein Zeitgenosse Paul Valéry: »Im Haushalt des Geistes ruiniert Sparsamkeit, die Verschwender werden immer reicher.«

Alain möchte wie Kant keine bestimmte Philosophie, sondern Philosophieren lehren. An Sokrates bewunderte er, daß dieser seinen Gesprächspartnern seinen eigenen Geist lieh, und eben darin besteht Alains Hochherzigkeit. In seinem Verlauf ist daher jedes gelungene Propos eine Erhebung durch Erhellung, wodurch die Ganzheit der Propos zu einer der schönsten Lebenslehren wird. Sie sind eine ständige Gymnastik des Geistes, die die Freiheit des Lesers zum Ziel hat, aus der heraus er sich selbst regieren soll. Die höchste Form innerer Freiheit aber ist ihm die Seelengröße. Die Aufgabe des Denkens besteht demnach für Alain in folgendem: »Es geht niemals darum zu beobachten, was im Denken ist, sondern das Denken gemäß dem zu ordnen, was in den Dingen ist; man darf also Seelenzustände niemals so nehmen, wie sie sind, man muß sie herstellen und immer wieder herstellen.« Die Propos sind somit nicht statische Weisheiten wie die Sprüche einiger Vorsokratiker, sondern Weisheit in Bewegung, Denken im Entstehen. Denn nach Alain muß man sich suchen und sich finden. Dieser Weg führt ihn immer wieder von der Bibel und Homer über Descartes und Spinoza bis hin zu Proust und Valéry; denn Lesen hieß ihm, das Beste immer wieder lesen, und Denken hieß ihm andenken. Alain ist Hypsistarier: »Wir denken nicht, und wir retten einander nicht als durch diese fromme Nachahmung erhabener Augenblicke«, schreibt er in dem Propos über George Sand und die Musik. »Die wahre Geschichte der Menschheit hängt ganz von diesen Blitzen des Gefühls und des Gedankens ab.«

Auf diese Weise wird ihm die Menschheit zum Erzieher des Menschen, führen die Humaniora zur Humanitas, die Streifzüge durch die Vergangenheit zum Sich-Finden. Da das Wirkliche immer überreich ist, ist es unsere Aufgabe, die Vorstellungen, die wir uns von ihm machen, immer wieder zu korrigieren. In dieser ständigen Bewegung des Geistes liegt zugleich das Beisichsein: »Es geht nicht darum, alles zu wissen. Das hat keinen Sinn. Es gilt nur, das, was man nicht weiß, nach dem zu beurteilen, was man aufs beste weiß, und niemals das höchste Ziel aus den Augen zu verlieren, das darin besteht, seinen Geist frei und ruhig zu bewahren.« Daher nennt man ihn einen Weisen.

1916, als die Kriegsfurie Europa verheerte, schrieb er in seiner Einleitung zu den *81 Kapiteln über den Geist und die Leidenschaften:* »Nachdenken nennt man die kritische Gedankenbewegung, die von jeder Erkenntnis immer zu demjenigen zurückkehrt, der sie entfaltet, um ihn immer weiser zu machen.« In dieser Tätigkeit besteht der innere Vorgang der Propos. Sucht man aber nach einem Schlüssel für das Erhebende, das man mit der Lektüre fast jeden Propos erfährt, so findet man es in dem Satz gegen Ende des Propos *Treue* vom 5. Februar 1926: »Es gibt vielleicht keinen einzigen Gedanken, der uns nicht für unsere Mühe belohnte, wenn wir ihm hochherzig nachgehen.«

Duderstadt, Juli 1995

Französische Literatur
im insel taschenbuch

Alain: Sich beobachten heißt sich verändern. Betrachtungen. Auswahl, Übersetzung und Nachwort von Franz Josef Krebs. Neuübersetzung. it 1559

Honoré de Balzac: Eugénie Grandet. Aus dem Französischen von Gisela Etzel. Herausgegeben von Eberhard Wesemann. it 1127

– Die Frau von dreißig Jahren. Aus dem Französischen übertragen von Werner Blochwitz. it 460

– Glanz und Elend der Kurtisanen. Aus dem Französischen von Felix Paul Greve. it 1232

– Tolldreiste Geschichten. Aus dem Französischen von Benno Rüttenauer. Mit Illustrationen von Gustave Doré. it 911

– Vater Goriot. Aus dem Französischen von Franz Hessel. Herausgegeben von Erika Wesemann. it 1167

Charles Baudelaire: Die Blumen des Bösen. Übertragen von Carlo Schmid. it 120

Pierre Augustin Caron de Beaumarchais: Die Figaro-Trilogie. Der Barbier von Sevilla oder Die nutzlose Vorsicht. Der tolle Tag oder Figaros Hochzeit. Die Schuld der Mutter oder Ein zweiter Tartuffe. Deutsch von Gerda Scheffel. Nachwort von Norbert Miller. Mit zeitgenössischen Illustrationen. it 228

George Clémenceau: Claude Monet. Betrachtungen und Erinnerungen eines Freundes. Mit farbigen Abbildungen und einem Nachwort von Gottfried Boehm. it 1152

Alphonse Daudet: Briefe aus meiner Mühle. Aus dem Französischen von Alice Seiffert. it 446

– Tartarin von Tarascon. Die wunderbaren Abenteuer des Tartarin von Tarascon. Mit 45 Zeichnungen von Emil Preetorius. it 84

Denis Diderot: Die Nonne. Mit einem Nachwort von Robert Mauzi, die Übersetzung des Nachworts besorgte Margaret Carroux. it 31

Alexandre Dumas fils: Die Kameliendame. Aus dem Französischen von Walter Hoyer. Mit Illustrationen von Paul Gavarni. it 546

Alexandre Dumas père: Die drei Musketiere. Aus dem Französischen von Herbert Bräuning. it 1131

– Der Graf von Monte Christo. 2 Bde. Bearbeitung einer alten Übersetzung von Meinhard Hasenbein. Mit Illustrationen von Pavel Brom und Dagmar Bromova. it 266

Gustave Flaubert: Bouvard und Pécuchet. Aus dem Französischen übersetzt von Georg Goyert. Mit Illustrationen von András Karakas. Mit einem Vorwort von Victor Brombert und einem Nachwort von Uwe Japp. it 373

152/1/12.95